ありのまま育児法

6割出来たら満点。
頑張りすぎない子育て法

新井爽月

Clover
クローバー出版

はじめに

今、このページを開き、読み始めてくださっている、あなた！

数多ある書籍の中からよくぞ、この一冊を手にしてくださいましたね。

本当にありがとうございます。

ふと立ち寄った書店で、何となく気になって、手にしてくださった方もいると思います。でも、単なる気まぐれでいいんです。もうそれだけで十分すぎるくらい、私にとってはありがたいことです。まさに奇跡です。信じがたいことが今この瞬間、私とあなたの間で生じているのですから。


正直に言いますが、私はごくごく普通の子育て中の母親です。子育てについて、人様にえらそうに語れるようなものなど、最初は何もありませんでした。

じゃあなんで、そんなごく普通の主婦が子育てについての本を出すことができたのか？　という謎がみなさんの中に生まれますよね。

そうなんです。大事な点は、まさにその謎にあるのです。

著者である私自身が、どこにでもいそうな子育てママだからこそ、あなたが今、直面しているであろう悩みや迷い、焦りなどが痛いくらいよくわかると思ったからです。

この本を手にしてくださったということは、きっとあなたにも、お子さんがいらっしゃるのだと思います。まさに、現役子育て真っ最中のママさんやパパさんであるからこそ、ちょっと手に取って読んでみようかな？　と思ってくれたのではないでしょうか。

でもですね。ここで少しだけ、考えてみてください。

これまでに世に出された子育て本はどれも、立派な肩書や実績をお持ちの、専門家の方々によって記されたものがほとんどだと思いませんか？

私のようなごく普通の母親が、まるまる一冊、子育てについて書き記した本など、あまり見かけたことがないと思うんですよ。

だからこそ、私は今回、どこにでもいそうな子育て中の母親という視点でこの本を書こうと決めたのです。

実際、私も子どもたちが幼かった頃、何十冊もの育児書を読み漁りました。どの本にも、子育ての悩みを解決してくれそうな正しい答えが記されていましたが、私の悩みは解消されませんでした。

私が子育てで行き詰まり、日々悶々と暮らしていた当時求めていたのは、子どもに対するしつけや、子どもへの接し方ではなかったからです。

私が知りたかったのは、子を持つ母となった自分自身と、どう向き合うべきかという問題でした。

私っていったい、何なんだろう。自分はこの先、何を頼りに自分らしく生きていけるのだろうか？　ということが、最も知りたかった答えだったのですね。

私も含め、みなさんもそうだと思いますが、女性というのは、ある年齢に達すると、ライフステージが目まぐるしく変化することがありますよね。

中でも特に、結婚・妊娠・出産・育児という大きな四つの転機は、私たちの心と体に、とても大きな変化を及ぼすものだと思います。

子を持つ母親になったからといって、わが子にたっぷり愛情を注げるようなお母さんになれるわけではありません。

むしろ、実際に子育てがスタートすると、日々些細なことでイライラしたり、怒ってばかりで、ちっとも幸せだと感じられなかったり。

「こんなはずじゃなかったのに！」という不満を抱え、悩んでいる方が多いのが現実であると思います。

私も、子育て真っ最中の頃は、毎日バトルでした。終わりの見えない戦いがエンドレスに続く感じで、「いったい、いつになったら、ラクになれるの？」と、何度、泣き叫びたくなったことか、自分でもわからないくらいです。


でも、大丈夫です。安心して下さい。

どんなに今、あなたが悩んでいたとしても、不安を抱えていたとしても、いつの日か必ず、心から笑える日がやってきます。
しかも、その「いつか」は、遠い未来ではありません。この本を読み進めてもらうことで、あなたもお子さんも、今すぐハッピーになれる方法をお伝えさせていただきます。

私が、みなさんにお伝えするのは、今より、もっと気楽に育児を楽しむことができる「ありのまま育児法」です。

「ありのまま育児法」は、難しいことは何も言いません。
ただでさえいそがしいママさんたちを、これ以上、苦しめたくないからです。

私がみなさんにお伝えしたいのは、学べば学ぶほど、

- **ママもお子さんも、にこにこ笑顔でいられて**
- **自分らしく、毎日を楽しんで過ごせるようになる**

手軽で楽ちんな、育児法です。

「そんな方法、ホントにあるの？」と思われた方もたくさんいることでしょう。とはいえ、こんな時はいくら説明するより、実際にやってみたほうが手っ取り早いです。ウソかホントか、まずは試してみませんか？

- **子育てに自信が持てず、常に周りの顔色をうかがってしまう**
- **他人の評価が気になって、ビクビクしている**
- **助けてもらいたいのに、「助けて」の一言が言えず、ついガマンしてしまう**
- **心身共に疲れきっているのに、無理を承知でがんばってしまう**

今現在、このような悩みを抱えていたとします。でも、「ありのまま育児法」を取り入れることで、ウソのように気持ちが軽くなります。

「ありのままの自分」としっかりつながることで、自信が生まれ、他人に振り回されることがなくなっていくからです。

「ありのままの自分」を受け入れる利点は、それだけではありません。あなたがまず幸せになることで、お子さんたちやご主人も、ハッピーな毎日を送れるようになります。

あなたが心地よいと感じる生き方を選ぶことで、周囲の人にも、良い影響を与えられるようになれます。「あなたらしさ」が親子を育て、毎日をイキイキと過ごせるようになる幸せな生き方となるのです。

本書では、「ありのままの自分」を受け入れ、身も心も楽になる方法を、五つのステップに分け、説明していきたいと思います。

STEP1　基礎編「ありのまま育児法」基本の「基」について
STEP2　初級編「自分褒め」でうまくいく
STEP3　中級編「自分満たし」でうまくいく
STEP4　上級編「未来志向」でうまくいく
STEP5　特別編「あり育」流　個別のお悩み相談

章ごとに用意したスモールステップを一つ一つクリアしながら、どんどん自由になっていってくださいね。

さあ、心の準備はできましたか？

「あなたらしく輝いた人生」を歩むための第一歩を、踏み出しましょう。

目次

はじめに　003

第1章 基礎編 「ありのまま育児法」ってどんなこと？　015

1 「ありのまま育児法」基本の「基」について　016

2 基本の一 無理をし過ぎないようにするために　021

3 基本の二 イイ気分になれそうなほうを選ぶ　028

4 基本の三 ワクワクすること　ホッとすることを選ぶ　036

第2章 初級編 「自分褒め」でうまくいく 045

1 ● 最低一日一回は「自分褒め」 046
2 ● できたことに目を向ける習慣づけ 051
3 ● マイナスをプラスに変える思考回路 058
4 ● できることを　できる範囲で 065
5 ● 一日の最後はセルフハグ 076

第3章 中級編 「自分満たし」でうまくいく 083

1 ● みんな違って、みんなイイ 084
2 ● すっぴんを愛せる自分になる 095
3 ● 自分で自分に望むものを与える 103
4 ● 物足りなさを感じる時は 113
5 ● 心を満たす会話法　Iメッセージ 119

第4章 上級編 「未来志向」でうまくいく 137
1 「できない自分」から、「なりたい自分」に 138
2 ビジョンを明確にする 148
3 自分発信で今よりもっと受け取り上手になる 158
4 心の操縦席を明け渡さない 168
5 孤育てからの卒業 177

第5章 特別編 「あり育」流 個別のお悩み相談 191
1 新米ママ 0～1歳までのお悩みベスト3 192
2 1～3歳児の子育てお悩みベスト3 200
3 3～6歳児の子育てお悩みベスト3 207
4 学童期の子育てお悩みベスト3 216

おわりに 234
参考文献 237

基礎編

第1章
「ありのまま育児法」ってどんなこと？

1●「ありのまま育児法」基本の「基」について

「ありのまま育児法」、略して「あり育」の基本的な考え方は、

●どんなにいそがしくても、無理をし過ぎないようにする
●誰に何を言われようと、自分が、イイ気分になれそうなほうを選ぶ
●どちらにしようか迷った時は、ワクワクするほうやホッとできるほうを選ぶ

というたった三つだけです。
ほとんどの方が「えっ？ ウソでしょ？ たったこれだけ？」と驚いたかもしれませんね。でも、本当なんです。その理由をこれから説明しますね。

理由の一つ目は、「子育てに100％の正解はない！」という私なりの思いが

あるからです。

私やあなたが、生まれ育った環境や価値観が違うように、あなたの目の前にいるお子さんもまた、それぞれ違った個性を持っていますよね？

子どもが１００人いれば、百通りの正解があって当然なのです。この世にたった一つしか正解がないと考えるほうが、かえって不自然。みんな違っているからこそ、私たちの住む世界は、これほど豊かに成長し、発展し続けてきたのでしょうから。あなたは、自分にとって最も心地よいと感じられる「正解」を、あなた自身の力で生み出すことができるのです。

それは、誰かや何かに、無理やり押し付けられるものではありません。何百、何千通りとある育児法の中から、あなたが好きなように選び取ることなのです。そのやり方は、まさに「いいとこどり」。

あれもダメ、これもダメと、「やってはいけないこと」に目を向けるのではな

く、あなたが「いいな」と思うものに焦点を当てましょう。「これならやってみたい」「こういうことなら、楽しそう」と感じるものだけ、日々の育児に取り入れればいいのです。

理由の二つ目は、「あなたが笑顔でいることが、一番の育児法」という確信があるから。

子育ては本来、驚きや発見に満ちた楽しいものであるはずです。でも、それが楽しめなくなっているのは、「あれもやらなきゃ、これもやらないと」とさまざまなプレッシャーを感じ、がんじがらめになっているからではないでしょうか？

ほとんどのお母さんはとても真面目で、お子さんのことを真剣に考え、一生懸命育児をしていると私は思います。

育児放棄などの悲しいニュースが世間を騒がせることもありますが、人を愛し、愛されることを深く理解していたら、親も子も互いを傷つけあうことなどなく、暮らすことができたのではないか……そう思うのです。

「しつけをしなければ」と子どもに厳しく接するよりも、あなたが笑顔でいること。このほうが、子どもに良い影響を与えられるのではないでしょうか。

理由の三つ目は、「どんな時も楽しむ心を持つことが、何にでも効く万能薬」ということ。

私たち日本人は、基本的に生真面目で、とてもガマン強い性格の持ち主であると私は思っています。もちろん全員が当てはまるわけではありませんが、できるだけ「人に迷惑をかけないようにする」という気質を持っているのではないでしょうか。

特に女性であれば、細やかな気配りができ、周囲の空気を読むことも得意という方も多いでしょう。でも空気を読みすぎるあまり、精神的につかれ果ててしまうケースも少なくありません。

育児中は、ただでさえ気を張っていることが多いものです。どんな時も真面目に、ガマンしていろいろなことをやり続けていると、心も体もダウンしてしまいます。

今のままでも十分がんばっているのだから、意識して「楽しむ心」を持つことが、親も子もハッピーでいられる方法なのです。

どうでしょう？　これまでの説明を聞き、「難しそうだな……」と思いましたか？　それとも「これくらいなら、自分にもできそう！」と思ってもらえたでしょうか。

難しそうだなと感じられた方にも、カンタンそうだなと感じられた方にも、できるだけわかりやすく、それぞれのポイントについてお話ししていきます。ぜひ、この先のページに目を通してみてください。

2 基本の一 無理をし過ぎないようにするために

さて、では、ここからはさっそく、「あり育」基本の三つについて詳しく見ていきましょう。

基本の「基」の一つ目は、

「どんなにいそがしくても、無理をし過ぎないようにする」

ということでしたね。

まずはこの一つ目から、あなたの思考に変化を起こしていきましょう。

子育てをしていると、どうしてもいそがしくなり、バタバタするのが当然です。無理はしたくない、でも結果的に無理をしなければ、家のことも、子どもの世話も終わらない……。それは私も経験上、イヤというほど理解しているつもりです。

ですから、「絶対に無理をするな」などとは言いません。そんなことを言われたら、かえってストレスになってしまいますからね。

がんばりたい時は、がんばっていいのです。好きなだけ、育児も家事も仕事もがんばってください。でも！「ちょっと休みたいな……」と思った時にはガマンせず、きちんと心と体を休めましょう。

掃除も洗濯も、一日くらいは休んだって大丈夫。食事の支度も、手を抜けるところはできるだけ抜いて、休む時間を優先させてください。

ポイントは「罪悪感を持たないようにすること」です。

でも、どうしたら罪悪感を持たず、気楽に育児を楽しめるようになるのでしょうか？

ここから少しだけ、物事の捉え方を解きほぐしていきましょう。

きっと今、この本を手に取ってくださっている方の多くは、女性ではありませんか。著者である私自身も、お子さんをお持ちのお母さん方をイメージしながら、この原稿を書いています。となると、この本の向こう側にいるあなたも、原稿を執筆している私も、「女性」ですね。

私たちのことをシンプルに漢字で表すと、「女」です。

この「女」という文字を、よく見てください。

文字を「私たち自身」と捉えると、足がくの字に曲がっていて、しかも両足をクロスしています……ものすごく、バランスが悪いと思いませんか？

立っているだけで、何となくグラグラしそうな形。なんでこんな変な形で足を組んでいるのだろうと、苦笑したくなります。

一方、男性の場合は？　同じように一文字で表すと「男」ですね。こちらはというと、頭の部分もしっかりしていますし、足元だってしっかり地面に着いているように見えますよね。「女」と違って、足をクロスしたりはしていません。「どうだよ」と言わんばかりに、両足を広げ、片方のつま先を得意げに上に持ち上げています。

「男」と「女」という文字だけ見ても、私たち女性側のほうが、明らかに不安定そうに見えませんか？

しかも、「父」と「母」という文字においても、同じような不安定さを感じることができるのではありませんか。

「父」は両足を広げて、どっしり構えているように見えますよね。一方で「母」は、やはりここでも片足をくの字に曲げ、一本足でバランスを保っています。

「どれだけ、足をくの字に曲げたいんだろう？」って、つい笑ってしまいます。でも「女」であり「母」

であるあなたには、何事も笑い飛ばすくらいの気持ちでいてもらいたいと思うのです。

私たち女性は、一般的に「たくましい」とか「図太い」などと言われます。**でも実は、バランスを取りづらい状況下においても、必死にふんばってがんばろうとしている人たちなのだと思います。**

慣れない育児で不安になったり、くよくよしたり、イライラしてしまう時も。「女性は常に足をくの字に曲げてしまうくらい、悩みやすい生き物なんだ」って思えば、「なーんだ。じゃあ、仕方ないよね」って、少し開き直れますよね。

実際、片足立ちでつま先を上げて立ってみると、どれだけ不安定な状態なのか、実感できると思いますよ。

物事の捉え方に変化を起こすのは、それほど難しいことではありません。

自分だけが、こんなにも苦しんでいる。私だけが、こんなにしんどい思いをしている……そんなふうに考え出すと「悲劇のヒロイン」になってしまいます。
でも、「みんなも自分と同じように人知れず悩みを抱えているんだ」と思えば、気がラクになりますよね。

慣れないことをするのは、誰だって戸惑うものです。初めての子育てであればなおさら、「これで合っているのかな」「自分は間違っていないだろうか」と、さまざまなことで悩むのは当然と言えます。

多くのお母さんたちが、どんなにくたくたでも無理を承知でがんばりすぎてしまうのは、「一刻も早く不安から解消されたい、安心したい」という思いがあるからではないでしょうか？

私もこれまで散々、無理をし過ぎてきたので、お気持ちはよーくわかります。
「無理をしているな」とわかっていても、やめられないんですよね。5分でも10分でも少し休めばいいのに、体が勝手に動いてしまう……そんなことの繰り返しでした。

でも。疲れている時って、いくらがんばっても効率が悪いんです。大抵気が散っている状態なので、あれもこれもといろんなところに目がいき、それら全てに振り回されてしまいがち。普通だったら笑って済ませられることにいちいち腹を立ててしまい、余計に気力も体力も失ってしまうのです。

なので。

今日からはどんなにいそがしくても、できるだけ「無理をし過ぎない」ことを心がけてみてください。

「なんか今日は、部屋が散らかってるね？」とご主人に言われたり、「今日のおかず、これだけ？」と驚かれても、堂々と胸を張って笑顔でいてください。

「今日はちょっと疲れちゃったから、無理をするのやめたの」と、あなたが正直に伝えれば、ご主人だって「そうか。大変だったね。いつもご苦労さま」とあなたのことをねぎらってくれるはずです。

あなたが自分自身に素直でいることは、ありのままの自分を認めるのと同じことです。ありのままの自分を受け入れれば受け入れるほど、周囲の人も、あなたの本音を素直に受け止めてくれるようになります。

ホントかウソか、ぜひ、ご自身で試してみてくださいね。

3・基本の二 イイ気分になれそうなほうを選ぶ

続いて、「あり育」基本の「基」の二つ目について、探っていきましょう。

「あり育」では、『どちらにしようか迷った時は、イイ気分になれるほうを選ぶ』のがお約束です。

行くか、行かないか。やるか、やらないか。子育て中であっても、そうでなくとも、私たちは日々、さまざまな選択を強いられています。

その際に大切にしてほしいのは「どちらを選んだほうが、あなたにとって〝心地よい選択〟であるか」ということです。

選ぶことができる場合は遠慮なく、「イイ気分」になれるほうを選んでください。

日常の買い物一つをとっても、子どもと一緒に出かけるとなると、大変な作業ですよね。

自分の荷物だけでなく、子どものおやつや飲み物、おむつなども持ち歩かなければならないお母さんがほとんどでしょう。もう少しお子さんが大きくて、それほど手がかからない場合であっても、出かけた先で、ちゃんと静かにしていられるか、迷子にならずにきちんと一緒にいてくれるか……さまざまな心配が、頭をよぎることが多いと思います。

「子どもと一緒に出かける」と決めたのなら、「予想外のハプニングも含めて楽しんでしまおう」くらいの気持ちで、お出かけをしてみてください。決められた時間内で、あれもこれも用事を済ませないと！……と思うと、それだけで気持ちがピリピリして、楽しめるものも楽しめなくなってしまいます。小さな子どもを連れてどこかへ行く、または何かをやらねばならない場合、「6割できたらいいほう」だと、最初からハードルを下げておきましょう。

「60点とれれば満点」と思うことで、余計なストレスがぐんとなくなります。

基本的に、人がイライラを感じるのは、期待していた通りに物事がうまくいかなかった時です。しかし最初から「期待値」を下げてしまえば、「今日はこれだけできたんだし、十分だよね」と自分自身にOKを出すことができます。

「『イイ気分になれるほう』と言われても、それ自体がわからなくて……」という方もいるでしょう。確かに、どんな時に「イイ気分」と感じるかは、人それぞれですよね。

私の場合でしたら、たとえばお風呂に入っている時。湯船にゆったり浸かった時などに、「う〜。めっちゃ気持ちイイ〜」と、幸せを感じます。この感覚は、「ワクワク」というよりも、「ホッとする」心地よさです。

意識していないと、どんな時に自分が「イイ気分」になれるのか、最初はわからないかもしれません。日頃からちょっとだけ意識して、「何をどうしたら自分は『イイ気分』を感じるのだろう？　と、アンテナを張ってみてください。

たとえば家事や育児の合間に、好きな音楽をかけて、お茶を楽しむことができたら……？　ワクワクしたり、ホッとしたり、「イイ気分」を味わえるかもしれませんよね。お子さんと一緒にのんびり公園を散歩する時も、「イイ気分」を感じられるかもしれません。

「イイ気分」でいる時は、あなたの内側から「幸せだなあ〜」という思いが出ています。リラックスしている時というのは、心身を穏やかにしてくれる自律神経、〝副交感神経〟がうまく作用している時です。

基本的に、緊張している時よりもリラックスしている時のほうが、良いアイデアが浮かびやすく、物事がスムーズに進みます。

それがどのように働くのか、お子さんを例に挙げて見てみましょう。

まだトイレトレーニング中で、おむつが完全には外れていないお子さんがいるとします。これからどこかに出かけなければならない場合、出かける前にお子さんのトイレを済ませ、安心して家を出たいところです。

ですが、お子さんは「早く、早く」とママに急かされれば急かされるほど、出すべきものが出せません。「早くしなきゃ」と焦るあまり、体に力が入ってしまって、うまく排泄できないのです。

「出ないのね？」「だったら、もう行くわよ」とお子さんの手を引いて、車やバスに乗り込んだとしましょう。すると、途端にお子さんの緊張が解け、「ママ、おしっこ」「トイレ行きたい」などと言い出すのです。

このような経験、みなさんも一度ならず、二度三度と味わったことがあるのではないでしょうか？　私たち親の側からすると「なんで、さっき行った時にきちんとトイレを済ませてこないの！」と、イライラが爆発しそうになることと思います。

でも。私たち大人であっても、「出せ出せ」と言われてすぐに出せるものではありませんよね。排泄は大人も子どもも、心身共にリラックスした時でないと、うまく出すことができません。だからこそ、安心して子どもとどこかに出かけたい場合には、できるだけ時間に余裕をもって「イイ気分」で支度をし、リラックスした状態を保つ、ということがポイントになります。

とはいえ、これはあくまでも理想です。時間に余裕をもてるくらいなら、みなさんそうしていると思います。「わかっていても、なかなかそうできない」のが現実であると、私も重々理解しているつもりです。

時間にも気持ちにもゆとりがなくて、ついカッとなってしまったとしても、どうか、ご自分を責めないでください。子育て中は、どんな場面においても、60点とれれば満点という考え方でいてほしいのです。

うまくいかないことなんて、何十回、何百回と経験します。それら全てに毎回落ち込んでしまったら、本来楽しめるはずのものも、楽しめなくなってしまいます。

親も子も、「イイ気分」になれそうなことをできるだけ選んでみる、それだけでいいのです。その選択がうまくいってもいかなくても、やり続けることでコツをつかめるようになります。

一度コツをつかんでしまえば、もうこっちのものです。多少失敗しても、さほどイライラすることなく、笑って受け止められるようになるからです。

「イイ気分」でいるために、あなた自身の望みにもっとワガママになってください。ここで言うワガママとは「人に迷惑をかけること」ではなく、「あなた自身が笑顔でいられそうなのはどっちだろう？」と、「自分の望みに素直になること」です。

あなたが笑顔でいることが、一番の育児法です。

昔から、『笑う門には福来る』って言いますよね。とても有名なことわざですが、いつもにこやかに笑っている人の家には、自然に幸福が訪れるものです。

常にイライラ、カリカリしているよりも、明るく朗らかに過ごしたいですよね。

そのためにもぜひ、「イイ気分」でいられるよう、心がけてみてください。

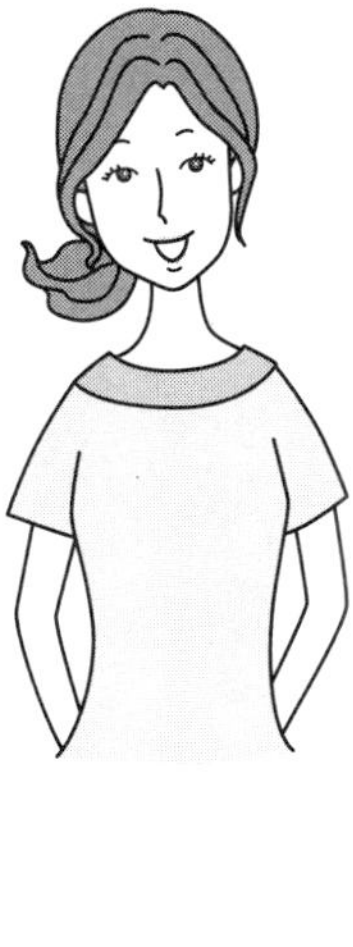

4 基本の三

ワクワクすること　ホッとすることを選ぶ

ここからは、基本の「基」の三つ目。「どうしたらもっと子育てを楽しめるか」という点について、考えていきましょう。

子育てを始めてから多くの方が直面する悩みは、「思い通りにいかないことが多すぎる」ということではないでしょうか？　実際、小さなお子さんがいると、食事一つとっても大人の思う通りにはいかないことばかりです。

食べてほしいものがあるのに、イヤイヤと首を振って食べてくれなかったり。ようやく食べる気になってくれたな……と思った瞬間、子どもがコップをひっくり返して、テーブルが水浸しになったりもします。

怒りたい訳じゃないのに、つい怒鳴りたくなってしまうのは、こんな時ですよね。

「なんで、もっとまわりを見てくれないの！　コップがそこにあるって、わかってるでしょ？」と言いたくなる気持ち、ものすごくわかります。私もこれまでに散々、子どもに怒鳴ってきましたので。

まだお子さんが生まれていなかった頃は、何をするにも自分のペースで、パパッとやれていたはずです。買い物にしても、食事にしても、ご自分の行きたい時に出かけて、好きな食事を好きなように食べられていたのではありませんか。

けれども子どもが一緒となると、何事もスムーズには進みません。どこに行くのも、何をするのも、子どものペースに合わせなければならなくなります。そのため、「私たち大人の思う通りにはいかない」と考えたほうが、賢明なのでしょう。

でも。子育て中って、こちらの思い通りにいかないからこそ、楽しめることもあると思うのです。

ただその辺を散歩するにしても、大人の足で歩いたら、何の苦もなくサッサと歩いてしまいます。でも子どもと一緒に歩くとなると、そうはいきませんよね。子どもの歩く速さに合わせて、ゆっくりのんびり歩くことなんて、一人だけだったら味わえなかったことかもしれません。

時には、道の途中でしゃがみこんで、アリが歩く様を眺めたり、辺りに生えている草花を見つめる。そんな時間を持てるのも、お子さんがあなたの隣にいるからこそ、なのです。

少しだけ、これまでの人生を振り返ってみてください。私たちは、この世に生まれてから今日に至るまでずっと、「早く」何かをなすべきだと訓練され続けてきた、そのことに気づきませんか？

起きるのも、寝るのも、着がえるのも、食べるのも、歩くのも。

移動している間も常に時間を気にして、できるだけ効率よく、スピーディーに目的の場所に行こうとしていませんか？

誰かに何かを話す時も、何となく慌ただしく、早口になってしまう。そんな方もいるかもしれません。

もちろん、全ての人がそうであるとは限りません。それぞれ個性がありますし、自分なりのペースで何事もゆっくり、時間をかける方もいらっしゃるでしょう。

とはいえ。われわれ現代人が、多くの場面でスピードと効率を求められてきたことは確かだと思います。勉強も仕事も、できるだけスピーディに、目に見える形で何かを成し遂げなくてはならない。そんなことを、周囲から期待されてきたのではないでしょうか？

そんな考え方を子育てに当てはめてしまうと、うまくいかなくて当然だと思うのです。そもそも、子どもを育てるには時間がかかります。「一日も早く一人前に育てろ」なんて、とても無理な話。そんな無茶を言われたら、誰だって途中で投げ出したくなるはずです。

それなりに知識も経験もある私たち大人だって、自分の思い通りにいかないことがあるのですから。この上さらに「子どもを自分の思い通りにさせる」だなんて、無理難題を押し付けられているようなものです。

だからこそ「あり育」では、基本の「基」の三つ目に、「楽しむ心を持つことの大切さ」をお伝えしているのです。

「子育ては、こちらの思い通りにいかないことばかり」という色メガネをかけて見てしまうと、お子さんと過ごせる貴重な時間であっても、「大変」と思うことや、しんどいことばかり目についてしまい、楽しむことができなくなってしまいます。

今からちょっとだけ、イメージしてみてください。

お子さんがあなたの言うことを何でも「はい！　はい！」と全て受け入れ、その通りに動いてくれたとしたら……何となく、気持ち悪くないですか？

この子、何でも私の言いなりに動いてばかりで、大丈夫かしら？　と、逆に不安になるのではないでしょうか。

「ちっとも親の言うことを聞いてくれない！」と、イライラしてしまう親御さんはたくさんいらっしゃいますが、「子どもが私の言いなりになりすぎて、困っているんです……」という方は、なかなかいらっしゃらないと思います。

そもそも、わが子を育てるということ自体、親の操り人形を生み出すことではありませんよね。あなたの言うことを何でも聞いてくれて、その通りに行動してくれる存在が必要だとしたら、ロボットのほうがよほど性能がよく、手間もかからないはずです。

少し大げさになってしまいますが、私たちが子を授かり、その授かった小さな命を育むということは、「思い通りにいかないことさえ楽しんでしまうほどの貴重な時間」を、プレゼントされたようなものだと思うのです。

うまくいかないことがあるからこそ、うまくいった時に思いきり喜びを噛み締めることだってできますし、これまで、できなかったことが、できるようになる達成感も、お子さんと一緒に味わうこともできるのです。

子育てを「大変」と感じるか「楽しい」と感じるかは、あなた次第です。

目の前の現実が変わるのは、自分以外の誰かや何かが変わってくれるのではなく、あなた自身がこれまでの見方や思い込みを変えることで、周囲に対しても変化を起こすことができるようになるからです。

子どもが親の手を離れるまでには、どんなに早くても、5~6年くらいはかかります。小学校に通い始めてようやく、「少しは手がかからなくなったかな」と一息つけるようになる親御さんがほとんどだと思います。

「大変だ、大変だ」と感じながら過ごす5年間と、「楽しいなあ」と感じながら過ごす5年間。どちらも同じくらいの年月が必要だとするならば、「楽しい」ほ

うを選びたくなりませんか?

常に歯を食いしばって怖い顔をしているよりも、どうせならにこにこ笑って日々を過ごしたいですよね。

楽しいほうにスイッチを入れる、最もわかりやすい方法は、「ワクワク」と「ホッとする感覚」であると思ってください。

子どもと一緒に過ごす時間の中で、何をしたら自分が「ワクワク」できるのか。どんなことをした時に、「ホッとできる」のか。こうした感覚は、人それぞれだと思います。

食事を作るのも、洗濯をするのも、掃除をするのも、あなたなりの「ワクワク」す

る方法がきっとあるはずです。好きな音楽を流しながら、歌ったり、踊ったりしながらやるのもいいですし、時には、いい香りを楽しみながらゲーム感覚で楽しむやり方もあります。

何事も、「大変だ」と感じるか、「楽しい」と感じるかは、あなた次第です。「誰も手伝ってくれる人がいないから、仕方なくやらされている」と考えるよりも、「自分が楽しむためにやっているんだ」と考えるほうが、ワクワクする気持ちがたくさん出てきます。

どうぞ、あなたらしい子育てを、あなたの思うままに楽しんでください。まずはあなたが楽しむことから、全てが始まっていきます。

初級編

第2章

「自分褒め」でうまくいく

1●最低一日一回は「自分褒め」

さあ、ここからは「あり育」初級編。

日々の中に、今から説明するワークを取り入れていきましょう。先に挙げた基本の三つを踏まえた上で、「あり育」を実践していきます。

初級編と題しているくらいですから、けして難しいものではありません。どうぞ肩の力を抜いて、ワクワクしながら読み進めてくださいね。

初級編のファーストステップは、「自分褒め」です。

みなさんは一日の中で何回くらい、ご自分のことを褒めたり、認めたりしていますか。「ちゃんと毎日、自分のことを褒めています！」という方もいるかもしれません。その一方で、「自分で自分のことを褒めるなんて、ほとんどしていないなあ……」という方も多いのではないでしょうか。

あくまでも私の実感ですが、「自分のことを褒める習慣」がある人のほうが、割合としては少ないと思います。生まれ育った環境にも大きく影響されるので、一概には言えませんが、私たち日本人は特に、「自分で自分を褒める」ということについて消極的です。

でも、「自分褒め」って、とっても大事なんです！

褒める習慣を身につけるだけで、ネガティブになりやすい自分を、ポジティブな自分へと無理なく自然に変えることができるからです。

「そう簡単には信じられない」という方もいらっしゃると思うので、なぜ、「自分褒め」が大事なのか、仕組みをご説明しますね。

私たちの脳は、「褒め言葉」を刺激としてキャッチすると、脳内ホルモンの一種であるセロトニンやドーパミンなどの量が増え、気持ちが安定するようになっています。これは、実際に脳科学の分野で認められている事実です。

つまり、「食欲」や「性欲」が満たされると脳が喜ぶ、これと同じ刺激が「褒め言葉」自体にあるのです。

少しイメージしてみてください。人って褒められると、何となく気分がよくなったり、ウキウキしたりしますよね。このウキウキする感じやワクワクする感覚は、脳が刺激を受け取り、私たちの気持ちを安定させるホルモンを出してくれた証拠です。

「人から褒めてもらわないと意味がないんじゃないの？」と思うかもしれません。実は、そんなことはないんです。脳は「褒められた」という刺激に反応するので、言葉を発した人が誰であっても、効果は変わりません。

むしろ、「自分褒め」のほうが、人に褒めてもらうだけでは得られないプラス

面もあるくらいなのです。

「自分褒め」で期待できるプラスの効果は、

- **「自分の良いところ」を見つける習慣が身につく**
- **自分だけでなく、人を褒めることもうまくなる**
- **自分を客観的に見つめられるようになる**
- **自分のマイナス面も、プラスに考えられる思考が育つ**
- **褒めることで気持ちが安定し、ストレスを感じにくくなる**
- **気持ちに余裕が生まれ、子どもにも優しく接することができるようになる**

などなど。このほかにもさまざまな面で、あなた自身に変化を起こすことが可能になります。

どうですか？　ここまでの説明で「やってみたいな」と思っていただけたで

しょうか。「自分で自分を褒めるなんて、なんだか恥ずかしい」とお思いの方もいらっしゃると思いますが、まずは一週間、「自分褒め」を試してみませんか。

やり方は、いたって簡単です。人に褒めてもらうまで待つ必要もありませんし、何か特別なことをしなくちゃいけない、なんてこともありません。これまで通りのあなたを、あなた自身が褒めてあげるだけです。

「でも」「どうせ」「だって」と、ご自分に対して後ろ向きになる気持ちがあるのなら、今日から一週間だけ「やってみようかな」という気持ちにチャンネルを合わせてみてください。

続いて、「自分褒め」のもっと詳しいやり方をご説明していきます。

2 ● できたことに目を向ける習慣づけ

ここからは、実際に「自分褒め」を取り入れるための方法とコツについて説明していきます。

もともと褒めることも褒められることも慣れてない人の場合、自分を褒めることに抵抗を感じる人がほとんどです。「自分の何をどう褒めていいのか、さっぱりわからない」という方も多くいらっしゃいます。

そのため、最初の一週間は「自分褒め」の練習期間だと思ってください。うまくできてもできなくても、練習だと思えばハードルの難易度が下がりますよね。

「自分褒め」を行う前に、必ず用意していただきたいものがあります。

それは、紙とペンです。

できれば、「自分褒め」専用のノートを準備できると最高なのですが、いきなり言われても困りますよね。

とりあえず今は、書けるものであれば何でも構いません。普段持ち歩いている手帳があれば、それでもOK。育児日記を書いている方なら、日記の空きスペースを活用してください。

「手帳も日記もノートも手元にない……」という場合、カレンダーでも、メモ用紙でも構いません。できれば「自分褒め」のお試し期間中に、専用のノートをご用意いただけたらと思います。

「自分を褒めるのなら、頭の中で考えるだけでいいのでは？」と疑問に思う方がいるかもしれませんね。

けれども、この〝紙とペンを使う〟ということが、とても大切なのです。

「自分褒め」を続けていく上でより効果的なのは、目に見える形で自分を褒めること。頭に思い浮かべるだけだと一瞬で消えてしまいますが、紙に書くこと

で記録として残せます。すると、何度でも自分を肯定的に捉えた言葉を目にすることができます。

ノートを開くたびに「昨日はこんなことを褒めたんだな」とか、「こんなにたくさん、自分にも褒めるところがあるんだ」と、ワクワクする気持ちを繰り返し味わうことができるのです。

目に見える形で自分を褒め、認めれば認めるほど、自信が深まります。「もっと褒めることはないかな？」とイイ気分にもなれます。

イイ気分になれそうなことを選ぶことも、ワクワクする気持ちを味わうことも、「あり育」の基本の「基」でしたよね。基本の三つを踏まえながら、無理なく楽しんで行うのが、「自分褒め」の醍醐味です。

ノートに褒め言葉を書くのは、いつ、どこで書いていただいても構いません。お仕事をしている方ならば、移動中の電車の中でもいいですし、お昼休みなどに書くのもおすすめです。お子さんがまだ小さくて手がかかる方でしたら、家事や育児の合間にパパッと、思い浮かんだものを書き留めてもらうだけで大丈夫です。

練習期間中の一週間は、一日の中で三つ、自分で自分を褒めることができれば満点だと思ってください。三つだけでは少ないと感じる方は、思いつく限りいくつでも好きなだけ、書き留めてください。

「自分褒め」に慣れないうちは、その日一日であなたが行ったことや、どこかに出かけたこと、できたことにポイントを絞ると、簡単にご自分のことを褒めることができます。

たとえば……、

●今日もちゃんと朝起きて、パパと○○ちゃんに朝ごはんを作りました。寝不足でもがんばった私って、エライ!

●〇〇くんが、寝ている間に、洗濯も掃除もできたよ。イライラしないで、苦手な家事ができた自分はサイコー。すごいね！

●今日は、〇〇ちゃんが、ぐずって泣いてばかりいたけど、ガミガミ叱らずに、ちゃんと話を聞くことができました。話を聞けた私は、すごい！

●公園で遊んでいた時、知らないママに話しかけることができました。勇気を出して、自分から話しかけるなんて、エライ！

●はじめて作った料理なのに、すごく上手にできた私って、天才かも！みんな、おいしいって食べてくれて嬉しかった。

●幼稚園のママ友と、今日も楽しくおしゃべりができました。みんなの前で笑顔でいられる私って、イイ感じだね。素敵だよ。

●〇〇くんが、おもちゃを出しっぱなしで片づけてなかったから、怒鳴っちゃったけど、その後、〇〇くんと仲直りできました。仲直りできた私は、がんばった。

●今日もすごく仕事がいそがしかったけど、お迎えの時間までに保育園にちゃんと着きました。がんばった自分を褒めてあげたい。よくやったね。

等々、いろいろな場面のさまざまなことを、「自分褒め」することができます。

褒めるのは、どんなことでもいいのです。特別な何かを褒めようとしなくても、日々の生活の中で〝当たり前のこと〟としてやっていることも、きちんと褒めてあげてください。

花に水をあげたことでもいいし、お子さんと一緒にテレビを観たことでもいいのです。「母親なのだからやって当然だ」と思うことほど、しっかり自分自身で褒めてほしいからです。

家事も育児も、「母親がやるのが当たり前」と言われることが多い私たちですが、当たり前などということは一つもありません。もっともっと、家事も育児も評価されるべきことであると私は思います。

やって当然と思われていることを、毎日繰り返し行っていること自体、本当にすごいことです。

ぜひ、あなたの中の「当たり前」や「当然」にしっかり目を向け、一つ一つの小さなことも、あなた自身が認めてあげてください。ご自分のことを褒めれば褒めるほど、「私って、こんなに毎日、すごいことをやっていたんだ」と、驚くことができるのではと思います。

できるだけ無理なく、ワクワクしながら「自分褒め」を行い、イイ気分を味わってくださいね。

3●マイナスをプラスに変える思考回路

ついに、初級編のステップ3に、たどり着きましたね。

きっと、あなたは「自分褒め」にもチャレンジし、いそがしい合間をぬって、ノートにご自分への褒め言葉を書いてくださったのでしょう。不安や疑問を感じながらも、勇気を出して自分を変えようとしているあなたは、すごいです。よくぞここまで、読み進めてくださいましたね。本当にありがとうございます。

実際に「自分褒め」を行ってみて、どのように感じましたか？「まだ何となく慣れないな……」という方も当然、いらっしゃることと思います。一方で、『自分褒め』が楽しくなってきた！」という方も、いらっしゃるかもしれませんね。

ここでは、あなたがお試し期間の一週間を経たと仮定してみます。「自分褒め」を「まだ続けたい！」と感じてくださっている方は、どうぞこのまま「自分褒め」のワークを続けてください。

実は、お試し期間を終えた今からが、「自分褒め」の効果をぐんぐん感じられる時期なのです。

「自分褒め」はやればやるほど、自信がつくワークです。何度となく繰り返し行うことで、ありのままの自分を認める習慣が身につきます。

中には「自分褒め」を行っても、あまり楽しいと感じられなかった方もいらっしゃるかもしれません。がんばってみたけれど、ワクワクしたり、イイ気分にはなれなかった……という方は、無理をして毎日「自分褒め」に取り組もうとしなくても大丈夫です。

「あり育」の基本は、できるだけ無理をしないこと。今後は、気が向いた時にちょこっとメモを取る程度でもいいのです。より気楽に感じられるよう、工夫してみてください。

ここからは、「自分褒め」をよりいっそう楽しむために、「マイナスをプラスに変える思考回路」について詳しく見ていきましょう。

「自分褒め」は、さまざまな角度から自分を見つめ、自分の良い点に光を当てることができます。しかしそれだけではなく、ご自分のマイナス面さえも、プラスに変えることができるのです。

コインに必ず表と裏があるように、あなたにも、プラス面とマイナス面が存在しています。マイナスという言葉だけ聞くとネガティブなイメージがありますが、プラスとマイナスのどちらも、あなたにとって欠かせない一部です。

たとえば。この先ずっと陽が沈まず、太陽が常にさんさんと輝いていたとしたら？　私たちは、昼夜の区別ができなくなり、体調を崩したり、落ち着いて眠ることが難しくなるかもしれません。さらに、晴れの日ばかりで雨が一滴も降らないとしたら、大地はカラカラに乾いてしまいますよね。草木も育たなければ、植物も枯れ果ててしまいます。海も川も山も今とは全く姿形を変え、私たちが見たこともない世界になってしまうことでしょう。

このように、プラスに思えることとマイナスに思えること、この両方があるからこそ、互いの良い点も悪い点も味わえているのが私たちです。

マイナスな面を一つも持っていない人なんて、なかなか想像できませんよね。

「自分褒め」を続ける上で、自分のマイナス面をプラスに捉えられるようになるということは、マイナスを否定することでも、全てなくしてしまうことでもありません。どちらも欠かせないあなたの一部だからこそ、両方に光を当て、ありのままの自分を認めることが大切なのです。

私の場合、長年「人見知りであること」を自分のマイナス面だと思っていました。けれども、人見知りであるからこそ、人付き合いに慎重になることができました。出会いの一つ一つに、真剣に向き合うことができるのです。

このような「マイナス面をプラスに捉えるためのヒント」を、いくつか紹介しますね。

【マイナス面・短所】
●感情の浮き沈みが激しい
●人の好き嫌いが激しい
●内気
●怒りっぽい　短気
●不器用
●気分屋
●落ち込みやすい
●飽きっぽい
●周りに流されやすい
●話し下手である

【プラス面・長所】
感情が豊か
こだわりがはっきりしている
繊細で敏感
自分の感情に素直
純粋　純朴
気持ちの切り替えが早い
人の痛みがわかる
好奇心旺盛
柔軟性がある
聞き上手　人付き合いに慎重

などなど。

どうでしょう？　例として10個ほどマイナスに思える要素を挙げてみましたが、そのいずれもプラスの言葉に置き換えることができますよね。

あなたにとって欠点にしか感じられないことも、ほんの少し視点を変えるだけで、ポジティブな方向に捉えることができるのです。

欠点は、あなたの中の「欠けた部分」ではなく、「欠くことのできない大事な要素」の一つです。ぜひ、今、この瞬間から、あなたにとっての「欠点」を、「欠くことのできない大事なもの」として、受け入れ、認めてあげてください。

「自分褒め」を続けていくにあたり、ご自分のマイナス面をプラスに捉える見方を、意識してみてほしいのです。

自分の中の許せない部分や、見て見ぬ振りをしてきた部分、否定し続けてきた部分……そんなところに関しても、今までとは異なる見方ができるようになるかもしれません。「自分褒め」のワークを通し、あなたの良い点も悪い点も、一つ一つ繰り返し、愛情をもって受け止めてあげてください。

マイナス面を認めることに抵抗がある場合、「あり育」基本の「基」を振り返り、100％を目指さなくてもよいことを思い出してください。日々、少しずつ成長している自分を、褒めてみましょう。

「いつも短気ですぐにイライラしちゃうけど、今日はあんまり怒らなかった。ほんの少しだけど、成長しているのかな。そんな自分に拍手！」

とか。

「今日も結局、うまくは話せなかったけど、前みたいに落ち込むことはなくなったかも。それって、かなりの進歩！　えらいぞ、私！」

といったように。

目には見えない心の部分を、目に見える形で褒め、認める。そうすることで、あなたの中にあるやる気や勇気や自信が、ぐんぐん育っていきますよ。

「自分褒め」を行うことで、あなた自身の心を潤し、栄養を与えているのだと

思ってください。自分で自分の良さを褒めるほど、あなたの内なる根や葉が育ち、やがては、きれいな花を咲かせる日が来ます。

4●できることを　できる範囲で

これまでのことを実践すると、今後あなたにどのような変化が期待できるのでしょうか？　実例をもとに、ひも解いていきましょう。

Kさんは、男児と女児、2人を子育て中のお母さんです。お兄ちゃんは、幼稚園に通う5歳の元気な男の子。妹さんはまだ生まれたばかりで、数時間おきに授乳が必要な赤ちゃんです。

Kさんは第2子妊娠中、お兄ちゃんの〝赤ちゃん返り〟に少し悩んでいました。すでにお腹が大きくなっていた頃でしたので、これまでのように抱っこをしてあげることも難しいし、公園などで一緒に走り回ることもなかなかできません。

けれどもKさんは、赤ちゃんが生まれるまでは、できるだけ、お兄ちゃんを甘えさせてあげたいと願っていました。

Kさんの希望は、赤ちゃんが生まれた後も、兄妹分け隔てなく愛情を注いで育てたい……ということでした。そう願ってはいても、本当にそんなことが可能なのか自信がなく、不安を抱えていたのです。

妊娠中ももちろんですが、産前産後というのはお母さんにとって、心と体の負担がとても大きい時期です。特に出産したばかりの頃は、体力もまだそれほど回復しておらず、赤ちゃんのお世話だけで手一杯の時期です。

身の回りのことはご主人やご家族にサポートしてもらうにしても、お兄ちゃんに対する心身のケアをどうしたらいいか……このことで、悩んでいらっしゃいました。

そこで、Kさんには「自分褒め」のワークを取り入れてもらったのです。

できないことに目を向けて罪悪感を抱くよりも、できたことに焦点を当て、「こんなにもいろいろ、今の自分でもできることがあるんだ」とKさん自身に気づいてもらえるよう、アドバイスを行いました。

Kさんは、とても真面目に「自分褒め」に取り組み、たった一週間で50以上もの褒め言葉をノートに記してくれました。その後もKさんは毎日コツコツと「自分褒め」を続け、見違えるくらい明るくなり、生き生きとしだしたのです。

Kさんは、先輩ママさんたちから2人目育児の大変さをいろいろと聞き、不安でいっぱいになってしまったそうです。しかし、そういった不安も「自分褒め」を行うことで解消できたと、嬉しそうに話してくださいました。

私がその際、Kさんにお伝えしたのは、

「できることをできる範囲で行うだけで、満点ですよね」

というアドバイスでした。

自信を取り戻したKさんは、その後無事に女の子を出産し、ご自分のペースで無理なく育児を楽しんでいらっしゃいます。「自分褒め」にも引き続き取り組まれて、そのおかげで、お兄ちゃんを褒めることもすごく上手になったそうです。

Kさん自身が起こした変化は、

- 不安だったことを、不安と感じにくくなった
- 「できないこと」よりも、「できること」に目を向けられるようになった
- 小さなことでも、満足できるようになった
- 以前よりも、自信が持てるようになった
- 自分だけでなく、子どものことも褒めるのが楽しくなった

大きく分けると、この五つが挙げられると思います。

育児中に直面する、全ての不安や恐れ、イライラや焦りが消えてなくなるわ

けではありませんが、

「自分褒め」のワークを行うことで「あまり悩まなくなった」「感情のコントロールができるようになった」「落ち込んでもすぐに立ち直れるようになった」など、プラスの効果を報告してくださる方が多いのも事実です。

体験談としてもう1人、Mさんの例をお話ししましょう。

Mさんは3人のお子さんをお持ちのお母さんで、ご相談にいらした当時、長男が中学生、次男と長女が小学生という状況でした。

Mさんの悩みは、3人のお子さんにやる気がないことと、勉強や習い事に関しても熱心に取り組まず、長続きしない……という点でした。

私からもいろいろと聞き取りをさせていただき、気づいたことがありました。

Mさんはとても教育熱心なお方で、どちらかというと、完璧を求めるタイプの女性でした。3人のお子さんのみならず、ご主人についてもいろいろと納得がいかないご様子で、次から次へといくつも「もっとこうしてほしい」という要望が出てくるような方だったのです。

中でもMさんが一番頭を悩ませていたのは、お子さんたちが、母親であるMさんに反抗的な態度をとるようになったこと。注意をしても一向に親の言うことを聞かず、勉強も習い事もがんばって努力しようとしない、ということでした。

Mさんとの対話を通し、私が気になったのは、「〝できないこと〟に関して目を向けすぎる」傾向が強かった点です。Mさん自身も自分のことを「自分にも、他人にも厳しいかもしれない」と言っていましたが、私も同じことをMさんに感じました。

Mさんは、お仕事も家事もてきぱきと何でもこなせる方で、とてもがんばり屋です。「高い目標に向かって努力をすること」に生きがいを感じるタイプの方で、いい加減に生きることや、物事を中途半端に投げ出すことを許せない気持ちが強い方でもありました。

Mさんにも私は「自分褒め」のワークをおすすめしたのですが、仕事と家のことでいそがしく、自分褒め日記などつけている時間がないと、最初は断られました。文章を書くのもあまり得意ではないし、悩んでいるのは子どもたちのことであって、自分を褒めることが目的ではない……というのが理由でした。

けれども私は、Mさんのような方にこそぜひ「自分褒め」を行ってほしい！と食い下がりました。いそがしくて時間もなく、ノートに書くのも苦手だとおっしゃるならば、LINEで私宛に、その日一日で満足できたことを呟いてください、とお願いしたのです。

Mさんは渋々ながらも、何とか私のお願いを引き受けてくれました。その代わり、一週間毎日必ず「自分褒め」を行うのではなく、お試し期間を一か月に伸ばし、気が向いた時に一つでも二つでも思いついたことを送ってもらうようにしたのです。

そうやって「自分褒め」ワークを始めた当初は、完璧でないと満足できない傾向が強く見られました。Mさんにとっては、60点で満点とする考え方自体、受け入れがたいものだったからです。そんなことを自分に許してしまったら、怠けグセがついて、努力しなくなってしまうのではないか……と怖れていらっしゃいました。

ご自分を褒めることに、抵抗を感じていらしたMさんですが、やり取りを続けるうちに、段々と、「自分褒め」の言葉に変化が現れ始めました。

仕事も家事も育児も満点でないと納得できなかったMさんが、目標に向かって努力している途中であっても、「チャレンジしたこと」自体を褒められるようになったからです。

それまでは、一日の中で全て納得のいく結果を出さないと「自分褒め」の基準に達しなかったMさんが、「望む結果は出せなかったけれど、やるべきことはきちんとやったから満足だ」というように、「自分褒め」のハードルを少しずつ緩めてくれるようになったのです。

この変化については、Mさん自身も驚いていらっしゃいました。

それまでは、職場でも家庭でもイライラすることが多く、ストレスがたまる一方だった。でも最近は、以前ほどイライラすることがなくなった……と言ってくれたのです。

そのことに気づいたMさんは、ついに自分から『「自分褒め日記」を書いてみます」と宣言してくれました。もともと努力家でがんばり屋な方ですから、ご自分でやると決めた以上は、それはもう、熱心に取り組んでくださったのです。

その後、Mさんに起きた変化は、本当に劇的なものでした。

お子さんに対しても、ご主人に対しても、厳しい言葉しか出てこなかったのがまるでウソのよう。彼らに対する感謝の思いを、口にするようになったからです。

Ｍさんは、自分自身を見つめ続ける中で気づいたそうです。
自分がいかにこれまで、子どもたちに対し、やる気を失うようなことを言い続けてきたかということを。
ガミガミ叱ってばかりで、褒めるなどということは、一つもしてこなかった……Ｍさんは涙ぐみながら、私にそうお話ししてくださいました。

Ｍさんは、「自分褒め」を通し、完璧でないことでも許せるようになったということ。また、自分にも家族にも優しい眼差しを向けること、褒めることの大切さを知ることができたと、これまでのご自分を振り返ってくれました。

この気づきにより、Ｍさんはお子さんたちとも、ご主人とも、今ではより良い関係を築くことができるようになっています。まだまだ納得のいかないこともあるけれど、以前のように、頭ごなしに叱ることはなくなったそうです。

「できることを、できる範囲で」

Mさんのケースも、まさに、この言葉が当てはまります。
仕事も家事も育児も全力投球となると、イライラやストレスがたまるのが当然です。どこかでホッと気を抜けるところや、くつろげる居場所がないと、息が詰まってしまいます。

どうかみなさんも、「できることを、できる範囲で」という言葉を頭の片隅にでも置いておいてください。

「自分褒め」のワーク自体も、ガリガリと必死に取り組む必要はありません。リラックスして楽しみながら、「今日はどんな自分を褒められるかな？」と。ワクワクする気分を味わってもらいたいのです。

「やるべき」「やらねば」という「べき・ねば」思考で取り組むと、次第につらくなって、長続きしません。
楽しいからやる。イイ気分になるから、褒めるのが嬉しい。

「自分褒め」はこのくらいの気楽な気持ちで、あなたのペースで楽しんでもらえたらと願っています。

5●一日の最後はセルフハグ

初級編の最後に登場するのは、「自分褒め」の効果をさらにアップさせる、とても手軽な癒し方です。それも、ただ単に寝る前の数秒間、ご自分のことをぎゅっとハグするだけという、至ってカンタンなものです。

とはいえ、いくらカンタンでも「なんで、そんなことをわざわざしなくちゃなの？」と、疑問を感じられた方もいらっしゃるかもしれませんね。

これは、「自分褒め」によって自分自身を認めたことを、頭だけでなく、体にまで深くしみ込ませるために行うものなのです。

もちろん、自分以外の誰かに毎晩ぎゅっと抱きしめてもらえたら最高ですが、なかなかそうも言っていられないところがあると思います。

試しに、今この場で、ご自分のことを抱きしめてみてください。

できれば少しの間、目を閉じて、ゆったりとした呼吸を続けてみましょう。

セルフハグをしている間というのは、無理なく自然に、ご自分の体に意識を向けやすい時です。

今日一日、いろいろなことをがんばったご自分の体を抱きしめることで、「ホントに今日もよくやったね。えらかったよ」と、感謝と労いの思いを、体の隅々まで行き渡らせてあげてほしいのです。

あなたの体は、どんなにいそがしい時も、どんなに大変な時も、文句ひとつ言わず、毎日きちんと動き続けてくれています。動けと命じなくても、あなたの胃や腸や血管は、それぞれの役割を果たしています。あなたがぐっすり寝ている間でも、心臓は絶えず、働き続けてくれているのです。

そんなあなたの体にもぜひ、「ありがとう」の思いを伝えてあげてください。大好きな人とのハグやスキンシップって「ああ〜、幸せ」という気分になれますよね。ハグは、お互いの存在を丸ごと肯定し、受け止めあう素晴らしい愛情表現です。

あなたのお子さんも、不安な時や悲しい時、寂しい時などに、抱っこを求めてあなたのもとに駆け寄ってきますよね。

お子さんにとって、お母さんに抱きしめてもらえることは、とても重要なことです。抱きしめてもらうことで「自分はここにいていいんだ」と安心し、「ぼく・わたしの居場所は、ちゃんとここにあるんだ」と、自分の存在をも認めることができるからです。

触れ合いの場をほとんど持たずに育ったお子さんは、自分が必要とされていることや、愛されているということをなかなか受け入れられません。抱きグセがつくからなどと言う言葉に惑わされず、ぜひ、お子さんのことを何度でも繰り返し、抱きしめてあげてください。

お子さんを抱きしめる大切さと同じくらい、あなた自身を丸ごと肯定して受け止める行為が〝セルフハグ〟です。

私たちの脳はハグを行うことで、幸せホルモン、愛情ホルモンと呼ばれるドーパミンやセロトニン、オキシトシンといったホルモンが分泌されます。それにより安心感を得られたり、「ああ〜、幸せ」という気分を味わうことができるのです。

さらに、セルフハグを行うことによって、「ありのままの自分を受け止める」

ことができます。自分はそのままの自分でいいんだと、セルフハグを通し、あなた自身としっかりつながってほしいのです。

特に寝る前というのは、心も体もリラックスしていて、潜在意識に働きかけやすい時間帯だと言われています。潜在意識とはその名の通り、あなたの心の奥底に潜んでいる意識です。

心理学の分野では、よく潜在意識のことを氷山に例えて言いあらわします。心に負った傷やトラウマ、知らず知らずのうちに刷り込まれた古い価値観なども全て、この潜在意識の中にあると思ってください。

普段の生活ではなかなか表に出てこない過去の古傷も、セルフハグによって

癒し、ありのままの自分を受け止めることが可能なのです。

セルフハグを行うことで、

●心が落ち着く
●気持ちが安らぐ　安心感を抱く
●不安が軽減される
●イライラが鎮まる
●気持ちにゆとりが生まれる

などの効果が期待できます。

「自分褒め」とセルフハグの二つを行うことで、その効果は2倍にも3倍にも増幅されます。言葉で繰り返し自分自身を認めた上で、今度は体ごと、心の奥底まで行き渡るくらい、自分を愛し、受け止めるのですから。

昨日よりも今日、今日よりも明日、といったように、あなたはどんどん、ありのままの自分でいることが心地よくなっていくはずです。

どうぞ、今夜からさっそく、寝る前にセルフハグを取り入れてみてください。

お子さんのことも、思う存分抱っこした上で、あなた自身を抱きしめてあげられたら、なお言うことなしですね。

「ああ〜、幸せ」と感じながら、眠りにつくことができたら、心も体もどれだけ癒されるでしょうか。

その心地よさを、ぜひ、あなたも実感なさってください。

中級編

第3章 「自分満たし」でうまくいく

1●みんな違って、みんなイイ

基本、初級と続き、ついに、中級編までやってきましたね。共にここまで、たどり着けたことに、心から感謝の意を述べさせてください。本当に、ありがとうございます。

私が今こうして、自分の体験したことや、学び得たことをお伝えできるようになったのも、お一人お一人との出会いがあってこそです。私は今まで、本当に多くの方々との出会いによって、育てていただきました。

「ありのままの自分」を受け入れ、認めることがどれほど心地よく、幸せな生き方であるか。それを実感できるようになったのも、私と同じような悩みを抱えた方々と、互いの気持ちを分かち合い、共感できたおかげです。

「ありのままの自分」を見て見ぬ振りしていた頃の私は、「自尊感情」の低い人間でした。

「自尊感情」というのは、自分で自分のことを大切だと思える感覚を指します。私は、自分自身を信じることがなかなかできませんでした。常に誰かの目を気にしていましたし、他人から評価されることに、ビクビクしていました。

自分以外の誰かや何かに、良い評価をしてもらえないと激しく落ち込み、「自分は生きている価値がないのではないか……」と疑ったほどです。

そのため、かつての私は「無価値観」に苦しんでいました。理想の自分になれたら、自分のことも愛せるし、認められる。でも今の自分は、何の取り柄も才能もなく、価値のない人間だ……そう思い込んでいたのです。

自分のことを「価値がない」と思い込んでいたからこそ、価値のない人間であり続けられるような現実を引き寄せてしまっていたのですね。「もっともっと努力をして、ガマンしなければ、理想の自分になどなれない」と、かたくなに

信じていました。

特に、仕事や人付き合いの面に関し「自分をより良く見せたい」という思いが強く、本来の自分よりだいぶ無理して、「いい人」を演じていたと思います。もしかしたらみなさんの中にも、私と似たような経験をお持ちの方がいらっしゃるかもしれません。

無価値観でいっぱいだった頃の私は、「今の自分を変えなければならない」と常に焦りを感じていました。特に激しく感情が揺れ動いたのは、自分と他人を比べて、劣等感を抱いた時です。

ＳＮＳなどを通してつながっている友人知人の活躍や、日々楽しそうに暮らしている様子を目にしては、今の自分がいかにちっぽけで、さえない人生を送っているのだろうと落ち込み、ますます焦りを感じていました。

みなさんも、自分と他人とを比べ、劣等感を抱いたことがあるのではないでしょうか？　学生時代に親しくしていた友人や、かつての職場の同僚などが、キラキラと眩しく見え、自分はちっとも輝いていないのに……と落ち込んだことがあるかもしれませんね。

私は、ずいぶん長い間、自分と他人を比べ、劣等感や無価値観に悩まされてきました。そんな自分を変えたい、変えたいと願いながらも、変えることができなかったのです。

変えられなかった原因は、「今の自分ではダメなんだ」という強い思い込みがあったからです。

いくら努力をしても、どれほどがんばっても、なぜ理想の自分になれなかったのか。それは「今の自分」を否定し続けていたからだったのです。そのことに気づいたからこそ、私は、「ありのままの自分」を認め、

受け入れていくことを決意しました。

「ありのままの自分」を受け入れる中で、私が気づいたことは、

- 変わらない自分を責めなくてもいい
- 終わりが見えなくても、焦らなくていい
- うまくいかなくても、恥じなくていい
- 周りから何を言われても、自分を信じていい
- やりたいことがなくても、無理して探そうとしなくていい
- やりたいことがあるなら、ガマンしなくてもいい
- ちっぽけな自分を、思う存分好きになってもいい

このように、「今の自分」を丸ごとそのまま認め、許すことの心地よさでした。

それまでは、「今の自分ではダメなんだ」と、自分自身を否定することしかできなかったのに、「ダメな自分も、イイ自分も私にとって欠かせない部分なんだ」と、愛せるようになったのです。

とはいえ、自分と他人を比べてしまうのは、生まれ持った本能の一つです。人として生きる上でごくごく自然に湧き出る欲求でもあるので、「絶対に自分と他人を比べてはいけない」などと言うつもりはありません。

比べたくなくても、つい比べてしまうのが、私たちなのです。

自分にはない能力や才能、魅力を他人の中に見ることで、私たちは、憧れを抱いたり、「自分もあんな風になりたい」という理想像を描きます。

他者に対し、妬む気持ちや恨む思いが強いと、「どうせ自分は……」とネガティブな方向に意識が向いてしまいます。しかし、抱いた劣等感を目標や目的に変えることで、ポジティブなほうへと意識を向けることもできるのです。

私もあなたも、「みんな違って、みんなイイ」という考えを持ち始めると、自分とは違う生き方や価値観、才能や魅力を持っている人に対しても、ネガティブな思いを抱かなくなります。

それに、みんながみんな同じ能力を持ち、同じ価値観の下でしか生きられなかったとしたら？　何だかとても、窮屈な世の中に感じてしまいますよね。誰もかれも、みな同じ考えや感情しか生まれないなんて、想像しただけで息苦しさを感じてしまいます。

子育てをしていると、自分のことだけではなく、お子さんのことも他の家の子とつい比べてしまいます。「うちの子のほうが劣っているんじゃないか」とか。「どうしてこの子は、みんなと同じようにお友達と仲良くできないのかしら……」といったように、心配したり、悩んだりすることが多々あると思います。

私も、これまでに数えきれないくらい、自分の子とよそのお宅のお子さんを比べ、深いため息を吐いたものでした。

けれど、どんな人にも「得意なことと苦手なこと」があります。私たち大人だけでなく、子どもにも、その子が難なくこなせることと、いくらがんばってもうまくいかないことがあるはずです。もともとあまり得意ではないことをガミガミ叱られると、余計に苦手意識を持ち、やる気を失ってしまいますよね。

「全く……。どうしてうちの子は、こんなこともできないのかしら」とイライラしてしまう気持ちは十分わかります。私もイライラを抑えきれず、感情的に怒鳴りつけ、自分も子どももイヤな気持ちになったことが何度もあります。こうしたやり方はかえって逆効果なのだとわかっていても、ついカッとなってしまいますよね。

比べることを止めるのは、はっきり言って難しいです。買い物一つするにしても、「どっちを買おうかな」と手に取って比べる習慣が、私たちには身についています。

そこで。今後もし、誰かと何かを比べたくなったら、少し前の自分自身と、今の自分を比べてみることをおすすめします。お子さんのことに関しても、少

し前のお子さん自身と比べるようにしてみてください。

「自分褒め」に取り組んでくれているあなたならば、一か月前の自分と、今の自分とでは、確実に違っているはずです。お子さんも、一か月前と今とでは、一人でできることが増えていたり、成長しているのではないでしょうか。

一か月前とはたいして変化を感じないようでしたら、三か月前でも半年前でも構いません。好きなだけ過去にさかのぼって、ご自分が納得できる地点に、比較の対象を決めてください。

自分と他人とを比べてしまうと、どうしても勝ち負けや優劣を気にしてしまい、あなた自身の価値を〝他人の物差し〟で測ってしまいます。

でも、あなたにはぜひ、「みんな違って、みんなイイ」という考え方を大切にしていただきたいのです。他人に振り回されるのではなく、あなたのペースで少しずつ成長を遂げていることを、自信につなげてください。

お子さんもきっと、お友達の誰かと比べられるよりも、「幼かった頃の自分」と見比べ、成長したことを認めてもらったほうが、断然嬉しいはずです。「前は一人でできなかったけど、今はちゃんと○○ちゃんだけで、できるようになったね」と勇気づけてもらえたら、お子さんは今よりもっと、やる気が湧いてくると思います。

褒められたり、認められるとイイ気分になるのは、大人も子どもも一緒です。とはいえ、「あまり褒めてばかりいると、図に乗って、ワガママな子になるんじゃないか？」と心配されるかもしれませんね。

褒め過ぎじゃないかと不安になる場合、

●褒める＝6割
●叱る＝　4割

くらいでちょうどいいと思ってください。

この割合だったら、褒め過ぎとも、叱り過ぎとも言えないですよね。10日間の内、6日は晴れで、4日は雨、または曇りだと思えば、草木もほどよく育ちますし、野菜や果物なども日照不足にはならないはずです。

小さい頃にたくさん褒められて育ったお子さんは、自分で自分のことを大切だと思える「自尊感情」がしっかり育ち、多少の挫折ではくじけない強い心を持つことができます。

目に見える部分だけでなく、普段は見えづらい根っこの部分も育っていると思ってください。根がしっかりと地中深くにまで行き届いているお子さんは、雨風が吹いても、びくともしません。

葉や茎などが傷ついたとしても、根がちゃんと栄養を吸収し、自分の力で傷を癒そうとふんばることができるのです。

お子さんからすると、あなたという存在は、太陽そのものです。

どうか、たっぷりと温かな光を注ぎ、お子さんの心と体を育んであげてください。親も子も共に育っていけるなんて、想像しただけでワクワクしてきますよね。

今後もお得な買い物をするために、目いっぱい、「どっちがいいかな〜」と比較検討してください。でも、ご自分のことと、お子さんのことは、できるだけ厳しい目を向けず、おおらかな気持ちでいてくださいね。

2●すっぴんを愛せる自分になる

さあ、次のお題は、「すっぴんを愛せる自分になる」です。

パッと一読しただけだと、いったい、何のことかと首を捻ってしまう

かもしれません。

どうぞ、気楽に読み進めてくださいね。

基本の「基」でお話ししたように、子育てには、全員に共通の正解があるわけではありません。もちろん、愛情をもって育てることや、十分な睡眠、栄養のある食事など、ある程度必要なものは共通しています。でも細かな点にまで目を向けると、それぞれのご家庭で少しずつ、異なる面があると思います。

親しいママ友とおしゃべりしていると「うちの子って、ホント、だらしなくてね」とか、「勉強なんて、ちっともやらなくて。暇さえあれば、ゲームばっかり」などという愚痴が、誰からともなく漏れてくることが多いと思います。

こうした場面に遭遇した際、ぜひ押さえておきたいポイントは、誰がどんな愚痴をこぼそうとも、個々の違いを認めるだけで十分だと、心得ておくことで

す。

基本的に私たち女性というのは、誰かに何かを解決してもらうことより、共感してもらえるほうが、喜びを感じる性質を持っています。

問題が解決してもしなくても、悩みを話すことで、スッキリする方が多いのも、女性ならでは。もちろん、こうした性質も全員に当てはまる訳ではありませんが、共感しあえることに喜びを感じやすい傾向があると思ってください。

気心の知れた仲間や、夫婦間であっても、話し合わないと不安に感じたり、嫌われたと思い込んでしまう。そういう人も、女性のほうが男性より割合が高いと言われています。

第一章でも、「男」と「女」という文字を例に挙げてその違いを説明しましたが、どちらかというと女性のほうが些細なことを気に病みやすいのです。

そのため、私たち女性の多くは、互いの共感を得るために、

- 多数派の意見に流されやすい
- 自分の意見よりも、他人の意見を鵜呑みにしやすい
- 周囲に合わせることを好む
- 自分と周りが違っていることを怖れる

こういった傾向が強いと言われています。

頭の中ではいくら、「みんな違って、みんなイイ」と思っていても、実際、自分だけが違う意見や価値観を持っていると気づくと、不安を抱きやすいのです。

子育てをしていると特に、自分と他人の違いに直面しやすいですよね。

それぞれのご家庭で〝その家ならではのルール〟が存在し、「私の家ではこういうやり方で子どもを育てている」という主張に出会うことが多いからです。

親しいママ友に嫌われたくなくて、人に合わせてばかりいると、はっきり言って疲れてしまいます。人から認められたくて、自分自身を大きく見せようとしたり、できないことでもできるふりをするせいで、余計なストレスを抱え込む……そんなことも多々あります。

何人かのグループで密に繋がっている間柄などは特に、「私たちって、みんな一緒だよね」という思いが強くなりがちです。一人でも違った意見を述べると、グループの仲間に変な目で見られたり、仲間外れにあうなど、嫌な思いを味わうことも少なくありません。

けれど、あなたにはぜひ「人との違いを認め、楽しむ」気持ちを、心の片隅に置いていただきたいのです。

同じ年頃の子どもを育てているママ友であっても、他人と自分は違って当然です。自分とは異なる価値観や意見を持つママ友の話を聞いても、「こういう考え方もあるんだな」とか「そういうやり方もあるんだ」といったように、それぞれの違いを楽しむ気持ちでいてもらえたら。そう思います。

あなた以外の誰かや何かに、嫌な気持ちにさせられても、「他人は他人。私には私のやり方があっていい」と、他人の意見に左右されない生き方ができるのです。あなたにとって、心地よく思えないものを、無理に取り入れる必要はありません。

「ありのままで生きる」とは、「どんな自分であっても、そのままでいいんだ」と認めた上で、他人と自分との違いをはっきり認識している状態を指すからです。

嫌だなと思うことや、ちょっと違うなと感じることがあった時は「私はこう思ってもいいんだ」と、自分自身にＯＫを出してあげてください。

大事なことは、自分の思考や感情にブレーキをかけないことです。何を思っても何を感じても、それ自体があなたの「ありのまま」であると受け止めてください。

「こんな風に思っちゃダメだ」と思えば思うほど、人は、そのエネルギーを心の中に閉じ込め、ストレスを生み出します。生まれたストレスは、その後、自分への責めとなり、他者への苦しみになり、受け入れられないことへの恐怖につながってしまいます。

このようなサイクルにおちいってしまうと、人と関わるのが怖くなり、他人が嫌いになり、自分も嫌いになり、どうしていいかわからなくなります。つらく、苦しく、悲しい思いに飲み込まれ、子育てを楽しめるどころではなくなってしまいます。

他人の目を過剰に気にしてしまうと、常に誰かに振り回され、他人の人生を生きることになってしまいます。

ぜひ覚えておいてほしいのは「あなたの幸せは、あなたの心が感じること」だということです。あなた以外の人が、あなたのことを決めつけることはできません。

幸せな状態とは、「幸せになる」のではなく、「幸せだと気づく」ことです。それは今この瞬間においても「幸せだなあ」とあなた自身が気づき、感じることで、かみ締めることができるのです。

外見をいくら着飾ったとしても、中身に関しては〝すっぴんを愛することができるあなた〟でいてください。

メイクもオシャレも思う存分、楽しんでいいのです。あなたの核となる「心」の部分だけは、人の目を気にせず、ありのままでいる心地よさを味わってください。「自分褒め」によって得た自信を、「自分満たし」へと進化させることが、あなたにはできます。

3 ● 自分で自分に望むものを与える

「自分褒め」のワークを通し、ご自分の良さをどんどん認められるようになったあなたは、「自分満たし」へとシフトチェンジをし、ますます自己肯定感を高めている最中でしょう。

褒めてもらうのも、満たされることも、誰かが何かを与えてくれるまで待つのではなく、あなた自身が、ご自分にプレゼントすればいいだけです。

「いつか」「誰かに」与えてもらうのを期待しなくなると、「今」できることを、ご自分で与えることがちっとも苦ではなくなります。

私たちは、時の流れを、「過去」「現在」「未来」と認識していますが、今存在しているあなたは、「現在」に位置しています。

この「現在」を英語で表すと、「present」と言いますね。「過去」は、「past」。

未来は「future」ですが、「現在」は〝present＝プレゼント〟です。

今、ここにいるあなたは、自分史上最大の「贈り物」なのです。

今日までの道のりで、あなたはいくつもの苦難や壁を乗り越え、「今」のあなたへと成長・進化を遂げることができたのです。

「今」この瞬間こそ、あなたの人生で最も若い日であり、最も年を重ねた日でもあります。いつか、誰かに、何かを与えてもらうのを期待し続けるのも、けして悪いことではありません。

でも、いくら待っても望むものが与えられないとしたら、あなたはいつ、ご自分の望むものを手にできるのでしょうか？

少し手厳しいことを言うようですが、私たちは一人の例外もなく、死亡率100％の存在です。この世に生まれた限り、いつかは必ず、死を迎え入れる日が訪れます。それは、どんなお金持ちでも、どんな有名人であっても、避けることができません。愛する人々に別れを告げ、存在しているこの世界から立ち去らねばならない日がやってくるのです。

しかも、その運命の日は、いつどこで、どのような形であなたの身に降りかかるのか、わからないことがほとんどです。何の前触れもなく、ある日当然やってくることもあれば、徐々に死を受け入れ、最期の瞬間まで命の灯を燃やし続ける方もいらっしゃいます。

「今」この瞬間、私やあなたが生かされていることは、奇跡の連続が積み重なったようなものです。最大で最高のプレゼントである「今」に感謝し、自分らしく輝くこともできれば、不幸を背負って、悲しみに暮れた「今」を味わうこともできるのです。

自分で自分を満たすという行為は、別にむなしいことでも何でもありません。もし、そのように感じるとしたら、「幸せは、誰かや何かに与えてもらうもの」という思い込みがあるだけかもしれません。

まずは、「自分を満たす」ことへのハードルを下げてみましょう。自分で自分を満たすことは、それほど難しいものではありません。

「あり育」基本の「基」でもお伝えした通り、あなたがイイ気分になることや、ワクワクすること、ホッとするほうを選ぶことが、「自分を満たす」行為とつながっています。

どんな状況や環境がそろったら、あなた自身が満たされると感じるか、ご自分の心の声を聞いてみましょう。

参考までに、私の例を挙げてみると……、

●好きな時に、好きな人と、おいしいものを食べたり、飲んだりすること

●会いたい人に、会いたい時に会える自由があること
●好きな人と十分なコミュニケーションやスキンシップがとれた時
●やりがいのある仕事に夢中になれている時
●いい香りに包まれている時や、いい香りを嗅いでリラックスしている時
●あたたかな布団に包まれ、安心感を持って休めている時
●湯船につかり、心も体もホッと一息つけた時
●自分の作った料理を、家族がおいしそうに食べてくれている時
●感動する本や映画、ドラマなどを見て、涙を流した時
●欲しかった物を、自分に買い与えることができた時

などなど。

少し考えただけでも、さまざまな場面が頭に思い浮かんできます。

満たされていると感じる瞬間は、何も特別なことをしている時だけではありません。日常の延長に、「自分を満たす」ことができる要素が揃っていることに

気がつきます。

家族と美味しいものを囲み、みんなで食事を摂れるだけで、「嬉しいな」「ホッとするな」と感じることができる人も多いはずです。

であるならば、「今」の自分にできることを、無理のない範囲で行動に移せばいいだけですよね。

あなたが愛情を込めて作った料理を食べ、家族が笑顔になり、元気を取り戻してくれるとしたら、こんな幸せなことはないのではないでしょうか。

私も含め、子育て中のお母さん方というのは、やらなければいけないことがあまりにも多すぎて、ついつい「やらされている」という感覚におちいることが多いのですが、嫌々やっていると感じてしまうと、どんなことも楽しみが半

減してしまいます。

ですが、よくよく考えると、掃除も洗濯も料理も、自分の喜びに直結しているものばかりなのです。スッキリと片付いた部屋にいると、私たちは安心してくつろげます。洗いたての清潔な衣類を身にまとうことも、イイ気分になることと結びついています。その上、おいしい料理が食べられたら、食欲も満たされますし、うまく調理できたことの達成感も得られ、自分だけではなく家族も、満たされた気持ちになれます。

「自分満たし」を続ける上でぜひ、覚えておいてほしいことが一つあります。それは、あなたという人が「お金や時間をかけていい、価値ある存在である」ということです。

自分で自分を満たすために、お金や時間が足りない……という意見をよく耳にします。でも工夫次第でいくらでも、お金や時間の問題をカバーすることができるのです。

抱えきれないほどのバラの花束を買い求め、家に飾ることは難しくとも、たった一輪のバラの花を部屋に飾るだけで、あなたは満たされるかもしれません。毎晩、高級なレスランで食事をすることは無理だとしても、たまにはデパ地下でプロが調理したお惣菜を買ったり、好みのお店の出前をとることだってできるはずです。

たとえそれが、コンビニエンスストアで買ったスイーツであったとしても。たとえばあなたのお気に入りの器やお皿に盛りつけて、キャンドルの一つでも灯せば、まるでレストランで出されるようなスイーツに感じられるかもしれません。

「子育て中だから、あれもこれもできない」と考えるよりも、子育て中だからこそ、今楽しめることを思う存分、楽しんでしまいましょう。確かに、オペラやミュージカル、クラシックや歌舞伎など、子どもと一緒だと足を運ぶことが難しいものもありますが、今は「子どもと一緒に楽しめること」を優先させればいいだけです。

子育てをしていると、ガマンしなくてはならないことや、自分が犠牲にならなければいけないことばかりだと思っていませんか？　そう考えて、自分で自分を窮屈な思いにさせなくてもいいのです。

誰が何を言おうとも、あなたは、あなたの好きなようにやることもできるし、選択する自由も持っています。

お子さんが将来、大きく成長した時、周りのお友達に振り回されてばかりで、自分では何も決められない……そんな人にはなってほしくはないですよね。

人目を気にして、常にびくびくしている子になってしまったら、気が気ではないと思います。

お子さんが、自信をもって生き生きと毎日を楽しむことができるよう、まずはあなたが、自分らしく生きることを目いっぱい楽しんでください。

お子さんにとっては、あなたが手本であり、一番身近にいる「鏡」のような存在です。

言葉で無理にしつけようとしなくても、お子さんはあなたの姿を見て、自然に学びます。

「大人になるって、何をするのも、どこに行くのもいろいろな自由があって、すごく楽しいことなんだよ」と、あなたの姿を見てお子さんが感じ取ってくれたら、最高ですよね。

あなたにはぜひ、そんな女性であってほしいと願っています。

4 物足りなさを感じる時は

「自分褒め」や、「自分満たし」にいくら取り組んでみても、何となく物足りなさを感じる場合、あなたが抱く感情について、より深く掘り起こしてみることをおすすめします。

美味しいものを食べたり、お茶を飲みながらくつろいでいる間は、イイ気分になることができるけれど、それはほんの一瞬で長続きしない……そんなお悩みもよく耳にします。もしかしたらみなさんの中にも、同じような悩みを感じていらっしゃる方がいるかもしれませんね。

「子どもを育てるのは、けして嫌ではないんです。むしろ、楽しめているほうだと自分では思うのですが……。まだやっぱり、満たされているとまでは感じられなくて。この物足りなさがどこから来ているのか、わからないのです」と。

感情というのは、常に揺れ動いているもの。イイ気分が持続しないのは、ごく自然なことです。

私たちは、寝ている間以外、いつも何かを思ったり、考えたりしていますよね。これは諸説あるのですが、私たちは一日の内におよそ6万回もの思考を繰り返していると言われています。

しかも、その6万回のうち、95％ほどの割合で昨日と同じことを考えており、8割近くがネガティブなことを思っているそうです。これは、私たち人間が記憶力の優れた生き物であることが原因とされ、生き物が持つ重要な性質の一つ「恒常性機能」によるものと言われています。

私たちはどんな時も、「今」この瞬間しか生きられませんが、頭の中は「今」を生きていないことがほとんどなのです。何年も前のことを思い出してくよくよ悩んだり、まだ起きてもいない未来のことを心配し、「ああでもない、こうでもない」と、心配することを繰り返しているのです。

とはいえ私たちは、考えることや感じることを止めることはできません。思考も感情も目には見えないものであり、「ネガティブなことを考えたり感じたりするのはやめよう」と思っても、コントロールすることは難しいのです。

思考とは、私たちの意思をもとに、物事を考えたり計画すること。一方で感情は、「意思とは関係なく、無意識に引き起こされるもの」です。

思考と感情をより簡単に言い表すと、

●思考　「○○と考えている」と認識できるもの
●感情　大きく分けると「快」と「不快」。喜怒哀楽などと呼ばれる気持ち

となります。

「自分褒め」や「自分満たし」によって自信を取り戻し始めると、イイ気分になることや、ワクワクすることに対して積極的になります。

一方で「不快」に感じるものを、これまで以上にマイナスなものと感じがちです。

けれど、私たちは、「喜怒哀楽」の四つが揃ってこそ、魅力的に輝くことができるものです。喜びと楽しみだけしか受け入れられず、怒ることや哀しむことは拒否してしまったら、本当の「ありのまま」とは言えません。

「喜怒哀楽」のどれもが、「ありのままの自分」にとって欠かすことのできない大事な感情なのです。

特に私たち女性は、怒りの感情について、ネガティブに捉えすぎる傾向があります。今はもう、耐え忍ぶことが美徳とされるような時代ではありません。これほど便利になった世の中において、育児だけは、母親がガマンすることを強いられるなんて、どう考えてもおかしな話です。

「怒り」の感情について、ぜひ、覚えておいてほしいことが一つあります。

それは、わが子に対し、カッとなってしまうことや、イライラする気持ちを抑えられなくなるのは、子どものことが憎くて、怒っているわけではないということです。

怒りの感情の底には、わが子に対する「期待」があります。

うちの子なら、できて当然だという「期待」。もうこんなに、大きくなったのだから、一人でできるのが当たり前だという「期待」です。その「期待」を裏切られたと感じた時、あなたはカッとなったり、イライラする思いを生じているのです。

お子さんに期待してしまうのは、親としての愛情があるからこそ。わが子に期待すること自体は、何ら悪いことでもなく、ごく自然なことです。

感情のおもむくままに、怒鳴ってしまったり、叱りつけてしまった時があったとしても、罪悪感を抱かないでほしいのです。

自分自身に対して罪の意識を持つのは、「こんな母親ではダメだ」と自分を否定することと同じです。怒鳴りたくないのに、怒鳴ってしまった時は、そんな自分を素直に認めてあげてください。

「ごめんね。ママ、さっきは言い過ぎたね」と、子どもを抱きしめるだけで、母親も子どもも、トゲトゲした嫌な気持ちがすーっと、消えていくはずです。

イイ気分でいようとがんばるあまり、自分も子どもも窮屈な思いをしてしまっていたら、それこそ不自然なことです。

プラスに思える感情も、マイナスに思える感情も、どちらもあっていいと思えることが、「ありのまま育児法」です。

イライラしたり、落ち込むことがあっても、「大丈夫。そのままでいいんだよ」と自分自身にＯＫを出してあげてください。

5●心を満たす会話法　Ｉメッセージ

「ありのままの自分」でいるということは、一日の内に何度となく、自分にＯＫを出すことなのです。

最初のうちはなかなか慣れなくて、変な感じがするかもしれません。しかし一度コツをつかむと、「なあんだ。たったこれだけのことか」と、気楽に考えられるようになります。

私も、慣れないうちは、「これで本当に合っているのかな」とか「自分にＯＫを出すって、どういうこと？」と、戸惑ったり、悩んだりしたものでした。でも、戸惑ったり、悩んだりしながらもやり続けることで、「これが正解だという答えはないんだ」という考えに行き着きました。「ありのまま」でいることを、肩の力を抜いて楽しめるようになったのです。

これまでにいくつも、大事な点や、心がけるポイントをお伝えしましたが、「こうしなければ」という型にこだわる必要はありません。

「ありのまま」でいることが難しいと感じるならば、無理をしてがんばらなくてもいいのです。冒頭でお伝えした通り、あなたが好きな時に、好きなだけ、「ありのままの自分」でいることを、取り入れてみるだけで十分だからです。「ありのまま」で生きることを、最短で学び、最速で望む結果を出そう……そんなことは思わなくてもいいのです。

「ありのままの自分」を受け入れることは、誰かと勝ち負けを競ったり、優劣を比べることではないからです。

感情を見つめることで、今の自分を知り、今の自分を知ることで、どんな状態の自分に対しても、「ありのまま」を受け止められるようになる。

これまで私がお伝えしたことは、たったこれだけのことです。この一文を読むと、今すぐにでも、望む結果を出せるような気がしますよね。

とはいえ、前節でもお話ししたように、湧き出た感情を素直に認めるというのは、難しい時が多いもの。中でも特に、「怒り」や「哀しみ」といった感情をどう表に出したらよいかわからない……といった声が聞かれます。

それはやはり、子育てをしているとどうしても、イライラしたり、カッとなることがあるからですよね。感情的に怒鳴りたくないのに、気が付いたら、怒鳴っていたという経験をお持ちの方がほとんどだと思います。

そんな方にぜひご紹介したいのは、「親も子も、気持ちが一方通行にならない会話の方法」についてです。怒りの前には相手への「期待」があるとお話ししましたが、この「期待」を伝えるだけで、言われた相手側も、受け止め方が全く変わってくるのです。

このコミュニケーション方法を確立させたのは、臨床心理学者のトマス・ゴードン博士です。

ゴードン博士が生み出した、「Iメッセージ」と呼ばれる自己開示法を、できるだけわかりやすく、ご説明していきますね。

基本的に、私たちがイライラしたり、カッとなった時に口から出てくるのは、「もっと、ちゃんとしなさい！」という命令や、「どうして、〇〇できないの！」という非難、「早く片づけなさい！」などの指示がほとんどだと思います。

いくら親子であっても、会話のほとんどが、命令・非難・指示になってしまうと、お互いの関係がぎすぎすして、息苦しいものになってしまいます。

夫婦間においても、顔を合わせるたびに、命令されたり、非難や指示をされ続けていると、「どうしていつもこんな風に怒鳴られてばかりいるのだろうか」と、むなしさを覚えることでしょう。

目の前で起きたことは同じであったとしても、伝え方を変えるだけで、言われた側の受け取り方もまるで違ってくるものです。

ですので、今後はぜひ、イライラしたり、カッとなった時に「Iメッセージ」で伝える方法を思い出してください。

〈Iメッセージ〉～自己開示法～

①事実（行動）　イライラの原因を非難がましくなく述べる
②影響　あなたが何にどう困っているかを伝える
③感情　あなたの素直な気持ちを伝える

「Iメッセージ」の基本は、右に挙げた三つを、あなたが言いやすいように伝えるだけです。とはいえこれだけでは、まだ何をどう伝えればいいのかわからないと思うので、実際に、親子・夫婦間で行われているであろうやり取りを例として挙げながら、「Iメッセージ」について、理解を深めていきましょう。

例①

お子さんが、遊んでいたおもちゃを広げたまま、テレビを観始めてしまった。

いつもの叱り方

「ちょっと！　ケンタ。テレビを観るなら、出したおもちゃは片付けなさいって、いつも言ってるでしょ！　どうして、きちんと片付けられないの！」

（↓命令・指示・非難）

Iメッセージ

「ねえ、ケンタ？　ママね、ケンちゃんが、部屋を散らかしたまま、テレビを観ていると、お掃除したくてもできなくて、困っちゃうな」

（↓事実・影響・感情）

例②

30分だけ遊んでいいと約束したゲームを、時間が過ぎてもやめず、一向に宿題をしない時。

いつもの叱り方

「カオリ！　いつまでゲームしてるの。30分だけって約束したのに、ちっとも宿題しようとしないじゃない。そんなことなら、ゲームは取り上げるわよ！」

（↓説教・非難・脅迫）

Iメッセージ

「カオリ。ママとの約束、忘れちゃったの？　時間になったら宿題をするって言ったよね？　約束を破られたら、ママだって悲しいよ」

（↓事実・影響・感情）

例③

子どもの面倒を見ると約束したご主人が、スマートフォンのゲームに夢中で、一向に子どもと関わってくれない時。

いつもの叱り方

「ちょっと、パパ。いつになったら、ケンタとカオリを公園に連れて行ってくれるの？　もうちょっと、あと少しって、さっきからスマホばっかりいじってるじゃないの。早く二人を外で遊ばせてあげてよ！」

（↓非難・皮肉・命令指示）

Iメッセージ

「ねえ、パパ。パパが子どもたちを公園に連れて行ってくれるって言うから、私も、少しゆっくりできるって、期待していたのに、休むことができなくて、ガッカリしてるよ」**（↓事実・影響・感情）**

これまでに挙げた三つの例、いかがでしたか？　こんなまどろっこしい言い方をするのは難しいよと、感じられた方も多いと思います。

基本的に、ある出来事に対し、カッとした時というのは、「ダメ！」「やめなさい！」「早くしなさい！」などの否定的なメッセージを、強めに一言二言発するのが定番ですよね。

それらと比べると「Ｉメッセージ」は、思ったことをパッとすぐ口にするというより、一呼吸おいて考えてからでないと、発するのが難しいかもしれません。けれども、それも何回か試しているうちに、コツをつかめるようになります。

「Ｉメッセージ」というのは、主語があなた（Ｉ・アイ）で組み立てられているものです。私たちが通常、よく口にする「あれしなさい」「これしなさい」という言葉かけは、相手を主語にしている「ＹＯＵメッセージ」なのです。

主語をあなた自身に据えた「Ｉメッセージ」は、あなたがどう感じ、どう思うかが、はっきり相手に伝わると言われています。

第一感情で抱いたあなたの本音を、隠すことなく伝えることができるので、言われた側の相手も、あなたがなぜ怒っているのか、悲しんでいるのか、がっかりしているのか、思いをくみ取ることができるのです。

とはいえ、「Iメッセージ」の基本形である、「事実・影響・感情」という順番を守り、いざ口にしようとしても、なかなか、この通りに行かないことがほとんどだと思います。

私自身も、「Iメッセージ」を活用しよう！　と、チャレンジしましたが、理想的なメッセージは、そう簡単に発することができませんでした。形に囚われてしまうと、「教えてもらった通りに言わなきゃ」という気持ちが強くなり、肝心な本音を、伝えることができないというパターンにおちいりがちです。

「Iメッセージ」を取り入れる上で、最も大事な点は、

・「相手を変えようとする」のではない
・自分の正直な気持ちを伝えること

この二つだけです。

カッとなった時に、毎回、冷静さを保って「Iメッセージ」を伝えるなんて、そうそうできることではありません。ですので、最初のうちはけして無理することなく、10回のうち、1回だけでも「Iメッセージ」を使うことができたら、十分です。

カッとなって、いつものように、怒鳴った後で、

「さっきは言いすぎちゃってごめんね。ママ、本当は、こんな風に思っただけなんだよ」と、フォローするだけでも、相手の受け取り方が違ってきますよ。

大事なことは、「あなたの本音にフタをしない」ということです。

カッとなってしまったのは、なぜなのか。

どんなことに対して、イラッとしたのか。

あなたが不安に思ったこと。苦しいと思ったこと。悲しいと思ったこと。寂しいと思ったこと。むなしいと思ったこと……どんな感情を抱いたとしても、ありのままを素直に伝えることで、相手に響くものが、必ずあります。

それは、相手がどんなに幼い子どもであったとしても、響くものなのです。


コミュニケーションというのは、言葉だけで成り立っているわけではありません。

その言葉を発する人の表情や、目の動き、手の動き、声のトーンなど、さまざまな要素が組み合わさり、相手に届きます。

「こんな小さな子に、Iメッセージだなんて、本当に伝わるものなのかしら？」と、疑問に思われる気持ち、わかります。最初はお子さんも、きょとんとするかもしれません。ママに叱られると思ったのに、ダメって言われなかった。なんでだろう？　と。

一度や二度、うまくいかなくても、あきらめずに、トライしてみてください。
１００％理解してもらえなくとも、あなたが本音を発し続けることに、意味がある。そうわかってもらえる日が、きっと来ると思います。

お子さんに対しては素直に本音を言うことができても、ご主人に対しては、抵抗を感じる方もいらっしゃるかもしれません。イラッとしたり、カチンときても、あえて本音は言わず、だまったままでいる……そんな方は、すごく多いのです。

そうした傾向は、夫婦であるからこそ、互いに遠慮してしまう点から生まれるものだと思います。いちいち口に出して言わなくても、わかってくれるはずだという「期待」が、無意識のうちに働いてしまうからです。

けれども、夫婦とはいえ、お互いの頭の中まではわからないですよね。
今日一日、あなたがどんな思いで、過ごしていたか。
ご主人が、勤め先で、誰に何を言われ、イヤな思いをしたか、など。

夫婦であるからこそ、相手に余計な心配をかけまいと、自分の思いにフタをして、いつも通り振る舞うことも多いのではありませんか？

いつもだったら、多少部屋が散らかっていたとしても、黙って見過ごしてくれるご主人。でもその日に限って、あなたのことを激しく非難してしまうことがあるかもしれません。

ご主人がカッとなって、あなたに怒りをぶつけてきた時、そこには、どんな本音が潜んでいるのでしょうか。

「今みたいに、頭ごなしに怒鳴られたら、私だって、すごくイヤな気持ちになるし、傷つくんだよ」と、あなた自身が感じたありのままを、どうぞ、ご主人に投げかけてみてください。

素直に、「ごめん」と言ってくれるご主人もいれば、むすっとしたまま、黙り込んでしまうご主人もいるかもしれません。

こちらが望むような反応を返してくれてもくれなくても、あなたが、ご自分の気持ちをごまかすことなく、正直に伝える。このことが、とても重要なことなのです。

たとえ自分も相手も傷つくことがあっても、勇気を出して、自分の本音を伝える。このことが、あなたの自尊感情を高めてくれます。

自尊感情というのは、自分で自分を尊《とうと》ぶことです。

こんなことを言ったら、相手にバカにされるのではないか。自分だけが、本音を明らかにするなんて、損をするみたいで嫌だな、と感じる方も、中にはいらっしゃるかもしれません。

どちらかが勝って、どちらかが負けるコミュニケーションではなく、互いの理解を深めるコミュニケーションというのは、本当に気持ちのいいことです。

私自身は、本音を打ち明けたことで、「自分が負けた」と感じたことは一度もありません。

「言わなくてもわかってくれるだろう」ということを、あえてはっきりと伝えたことで、「そんな風に思ってたんだ……。知らなかったな」と、こちらの思いを受け止めてもらえました。また、「そういう事情があったのなら、もっと早く言ってくれればよかったのに」と、私の心配をし、味方になってくれたこともありました。

理解されたいという欲求は、誰しも等しく持っています。
それは、大人であっても、子どもであっても、変わりません。
私たち人間は、声に出して、話すことができます。
聞くことができる、耳も持っています。
相手の言葉を理解する、心と頭も備えています。
授かった能力を、出し惜しみすることなく、有効に使うことができるならば、

あなたの人生は、この先、どんな風に変わっていくことでしょう？
お子さんが歩む人生が、どれだけ、豊かなものに、変化することか。
あなたも、知りたいと思いませんか？

変化をもたらすのは、どんな時も、自分が踏み出す一歩からです。
誰かが、あなたに魔法をかけてくれるわけではありません。
あなたが、あなた自身に、魔法をかけることで、変わり出すのです。
どうか、勇気を出して、自ら魔法の杖をにぎってみてください。

上級編

第4章 「未来志向」でうまくいく

1●「できない自分」から、「なりたい自分」に

基礎、初級、中級と続き、ついに上級編までやってきました！　ここからは、これまでに学んだことを全てふまえた上で、さらにステップアップできる方法をお伝えしていきます。

テーマに掲げた「未来志向」とは、「今」この瞬間にいる自分をしっかり感じながら、理想の自分とつなげていく、ということです。

〟理想の自分＝なりたい自分像〟と言い表すことができますよね。

「こんな風になれたらいいな」という漠然とした思いがあったとしても、どうしたら、理想の自分に近づけるのか……その方法がわからない限り、憧れのまま月日だけが過ぎてしまうものです。

この上級編では、子育て中でも自分らしく輝き、もっと自由で、より生き生

きとした日々が過ごせるよう、さまざまなブロックを外していきます。ブロックを外す前にここで少し、私のことについて話させてください。

私は普段、自宅にて執筆活動を続けながら、電話カウンセリングも行っています。ご相談いただく内容は、育児や恋愛、職場などの、人間関係に関するお悩みがほとんどです。

99％が、女性からのご相談です。これは私が登録しているサイトが、占いをメインにしたものであることも大きく影響しているでしょう。男性の場合、見知らぬ者に悩みを相談するよりも、ご自分で何とか解決したいという思いが強いのかもしれません。

一方で女性は「見知らぬ相手だからこそ、親しい人には言いづらい悩みを打ち明けられる」という方が多くいらっしゃいます。

今後、転職や独立を考えているという方に、ご相談者さんの適性やおすすめできる職種、方向性などについてアドバイスをさせていただくこともあります。

ですが、私にご相談いただく内容で、このようなケースは少数派です。9割以上が、人間関係に関するお悩みであると言えるでしょう。

ご相談者様のほとんどは「相手の気持ちが知りたい」「今後、自分がどうしていいのかわからない」という悩みを抱え、不安な気持ちを打ち明けてくれます。少しでも、この不安を解消し、前向きな気持ちで日々過ごしたいと願っています。

これはあくまでも私の実感なのですが、男性よりも女性のほうが、親しいパートナーに、ご自分の本音を伝えられない傾向が強いのです。

男性の場合、心を許した相手だからこそ本音でぶつかり、お互いを理解しようとしますが、女性は「心を許した相手に嫌われたくない」という恐れのほうが強く、本音を打ち明けることをためらうことが多いのです。

順調にお付き合いを育んでいる恋人や、仲睦まじく共に暮らしているご主人が相手であったとしても、「この人に嫌われたくない」という不安や恐れが根底にあります。そのため、ご自分の本当の思いにフタをして、ガマンしてしまう方がめずらしくありません。

もしかしたらみなさんの中にも、同じようなお悩みを抱えている方がいるかもしれません。親しい関係であればあるほど、私たち女性の多くは、「いちいち言わなくても、私の気持ちをわかってくれるはず」と相手に期待してしまいがちです。ですが、基本的に男性は、どんな些細なこともはっきり口にして言ってもらえないと、相手の気持ちを汲み取ることが難しいのです。

一方で女性は「もっと、こうしてほしい」「もっとこんな風に私を大切にしてほしい」と本音では思っていても、相手にその思いを伝えられない。結果、悩んでしまいます。

そのため、お子さんの世話でどんなにいそがしくとも、私がガマンすればいいんだ……と、一人でがんばってしまう方が多くいらっしゃいます。

本当は、子を持つ母親になったとしても、一人の女性として、きちんと大切に扱ってほしいと願っている。でもガマンにガマンを重ね、耐え忍んでしまうのです。

しかし、どんなに辛抱強い人であっても、ガマンできる限界があります。

ガマンをするということは、問題が解決したわけではなく、怒りや不満、悲しみといった感情を一時期的に飲み込んだだけのこと。飲み込んだ感情は、心の中のグラスに一滴一滴、消えることなく溜まっていきます。

最初のうちはまだ余裕があったグラスも、ガマンにガマンを重ねた結果、ある日ついにあふれ出してしまうでしょう。

何かや誰かに対し、ガマンの限界まで怒りや不満を溜め込んだ場合は、あふれ出た思いを止めることはできません。ここまでたどり着いてしまうと、ほとんどの女性は相手への思いが一気に冷め、何の期待も持てなくなってしまいます。

そうなると、どんなに相手が関係修復を図ったとしても、女性の側は頑なにその思いを拒否します。相手に何を言われても、何をされても、生理的に受け付けず、同じ部屋の空気を吸うことすら嫌だと感じることも少なくありません。

お互い好きで夫婦になったはずなのに、次第に気持ちが離れ、相手を信頼できなくなったり、愛情を持てなくなる。そういう状態は、これまでにお話ししたようなことが原因である場合があります。もちろん、全部が全部当てはまるわけではなく、他にもさまざまなケースが考えられます。

ガマンをしてでも本当の思いを伝えられないのは、相手に、

- **自分のことをよく思ってほしい**
- **嫌われたくない**

- 拒否されることが怖い
- できるだけ波風立てず、円滑に物事を進めたい
- ケンカをしたくない、争いを好まない

こういった理由が挙げられます。

勇気を出して「本当はもっとこうしてほしい」と伝えることができたとしても、その思いを相手に必ず受け入れてもらえるとは限りません。時にはそっけない返事をされたり、「そうは言っても、俺だって」と、反論されることも少なくありません。

ですが、この本ではこれまでに何度となく「ありのままの自分」でいることをおすすめしてきました。ご主人やご家族に、あなたの本音を伝えたことで、互いにぎくしゃくしてしまうこともあったと思います。過去に辛い経験がある方ほど、自分の思いを押し殺し、ガマンしてしまうケースが多いのも、痛いくら

いよくわかります。

でも。そんな時にこそ思い出してほしいのは「自分褒め」と「自分満たし」なのです。自分を褒めることは、プラスに思える部分だけでなく、マイナスに感じる部分をも認め、受け入れること。

その点について今一度、深く見つめてもらえたらと思います。

「ありのままの自分」でいるということは、ご主人やご家族に対し、本音で語ることを恐れている自分自身をも許し、認め、受け入れることです。

「私は、夫に嫌われたくなくて、『もっと子どもの面倒も見てよ』という本音を言うことができません。けれど、私は、そんな自分を許し、認め、受け入れたいと思います」

「私は、子育てのことで義母に口うるさく言われるのが嫌で嫌でたまりません。でも、嫌だと言い返すことができず、ずっとガマンしています。私は、そんな自分がキライですが、自分のことを好きになれない私を許し、認め、受け入れます」

いかがでしょうか。参考までに、二つ例を挙げさせていただきました。

前述の例は、ご自分のマイナス部分をプラスに転じる「自分褒め」であり、「自分満たし」でもあります。

今、この瞬間のあなたは、ガマンしたくないのに、ガマンを強いられているかもしれません。しかしながら、そんなご自分をも褒めることや満たすこと、愛することが可能なのです。

自分のことを好きになれないあなた自身を、許し、認め、愛することができます。毎日、イライラしてばかりで、理想の自分とはかけ離れていたとしても、そんな自分のありのままを、許し、認め、受け入れてあげてください。

中には、「自分のことを全く受け入れられない」という方もいらっしゃるかもしれません。

そのような場合でも、「私は、自分のことを全く受け入れられないけれど、そんな自分を許します」と宣言してあげてください。

最初のうちは、本心からそう思えなくても良いのです。何度も繰り返し、言葉にすることで、深いレベルにまであなたの許しを沁み込ませてください。

心の奥底に潜むブロックが外れるまで、「ありのままのあなた」を許し、認め、受け入れるワークを続けることで、真の癒しがあなたを変えていきます。

できない自分から、なりたい自分へ飛翔するのは、プラスとマイナス両方の「ありのまま」を許し、認め、愛することができた時です。

理想の自分になれないことを、誰かや何かのせいにするのではなく、あなたの内側を変えることで、望む未来を手に入れてください。

2 ● ビジョンを明確にする

ビジョンを明確にするということは、あなたなりのスタートとゴールを決めることです。どこかに出かける場合、みなさんは自宅から目的地までの行き方を、カーナビやスマートフォンのアプリなどで調べませんか？

その際に大事なことは、出発地点と目的地を定めることですよね。いつ、どこで、どんな方法で何時までに望む場所へ着きたいのか……そう入力することがほとんどだと思います。現在地と目的地が定まらないままだと、どんなに優れたナビであっても、行き先までの経路を導き出すことができません。

これは単に、電車やバスの時刻や乗り換えるルートをお伝えしているわけではありません。あなた自身の人生にも、同じことが当てはまるということを、お伝えしたかったからです。

あなたが今、子育てでどんなにいそがしい日々を送っていたとしても「将来はこんな自分になりたい」という理想像を描くことができると思います。

現在地を今のあなたとするならば、理想の自分は、あなたが目指す目的地です。目的地がきちんと明確になってこそ、そこにたどり着くまでの手段やルートなども選べるようになります。

あなたが思い描く、理想の自分像は、いったいどんな姿でしょうか。

未来のあなたは、どんなことをして、どんな人に囲まれ、毎日を過ごしているでしょうか。

仕事は？　住まいは？　あなたのご家族は、どのような未来を迎えていると思いますか？　理想の自分になれたあなたは、どれほど豊かで、満ち足りた毎日を過ごしているでしょうか……。

今から少しの間、想像力を膨らませ、未来を先取りしてみてください。

願いを叶えたあなたは、どんな顔をしていますか？

どのような環境に囲まれ、何をしているか、できるだけ具体的にイメージしてみましょう。

もしかしたら、今住んでいる場所ではなく、全く違った環境に身を置いているかもしれませんね。未来のあなたは、くつろげる場所にいますか？


中には、バリバリとお仕事をしている方もいらっしゃるでしょうね。あなたが理想とする自分は、どんなことにやりがいを感じ、どのような人々と関わっているでしょうか。

これまで経験したご職業とは、異なる職に就いている方もいると思います。未来のあなたは、子育てと両立させながら、どこで何をしていますか？


頭の中に浮かんだイメージを、ぜひ、書き留めてみましょう。

「自分褒め」専用のノートをお持ちの方は、ノートに書き込んでください。専用のノートがない場合、手帳でも、メモでも、何でも結構です。

浮かんだイメージを実際に紙に書くという作業は、あなた以外は誰もわからなかったことを、目に見える形にすることです。

想像の中だけでもやもやしていたものを、具体的な言葉にし、書き留める。この作業は、夢を現実のものにする第一歩でもあります。

どんなことを書いてもいいのです。

あなたが好きなように、好きなだけ、理想の自分を描いてみてください。箇条書きでいいので、思いつくままを自由に、書き留めてみましょう。

例としていくつか挙げてみると、

●花や草木に囲まれた広い庭
●清潔感のある使いやすそうなキッチン。居心地の良さそうなリビング
●すっきりと整った部屋。いい香りがするバスルーム

●笑顔で食卓を囲む子どもたち。日当たりが良く、眺めも抜群のベランダ
●子育ての合間に、趣味のアクセサリー作りを楽しむ
●作ったアクセサリーは、インターネットでの販売や、クラフト展などへの出品を介し、収入を得られている
●自宅の一室でアクセサリー教室を開催。生徒さんに囲まれ、生き生きとしている自分。モノづくりに生きがいを感じてワクワクしている

などなど。

「今」よりも少し先の未来にいるあなたは、理想の暮らしを手に入れ、日々、生き生きと輝いているのではありませんか。一人一人、叶えたい願いが違うとしても、ビジョンを明らかにすることの大切さは一緒です。

目的地が定まることで、「今」この瞬間に何ができるかを、これまで以上にはっきりと考えられるようになります。

具体的には、左の「5W1H」を基にして、アイデアを絞ることができます。

- いつまでに（ゴールに達するまでの時間。期間）
- どこで（自宅を利用？　自宅外？　会社・お店・グループなど）
- 誰が・誰と（あなた一人で？　仲間と？　家族の協力・サポートなど）
- 何を（趣味・特技・技術・スキル・得意なこと・好きなこと）
- なぜ（お金を得るため？　やり甲斐を得るため？　可能性に挑戦？）
- どのように（一人でコツコツ。仲間とワイワイ。インターネットなどを利用し、広範囲で大規模に？　地元密着？　友人知人などの範囲で？）

現在の私たちは、自分の得意なことや、好きなことをスキルとして売り買いすることが可能な時代を迎えています。スマートフォンなどのアプリを活用して、手軽に個人がインターネットショップのオーナーになることもできれば、空いた時間を有効に活用できるようになるサイトもたくさん存在しています。

女性目線で身近なところを挙げると、ネイルやファッション、ヘアメイク、アロマやハーブ、料理、アクセサリー、ハンドメイドなど。資格などを取得して本格的に教えたい場合、整体や施術、マッサージ、セラピストなど体を癒し整えるものや、カウンセリング、メンタルトレーニング、コーチングなど、心を癒し、気持ちを整える仕事などがありますね。

まだ子どもに手がかかるし、仕事としてやっていけるほど、今はまだ時間も余裕もないし……と思われる方も多いかもしれません。私自身も、子育て中の長い間、「そんな大それたことはできそうにない」と、思い続けていた一人です。

たった一人でゼロから全てやろうとすると、何からどう手を付けていいか、戸惑われると思います。大事なことは、「今」この瞬間でも、無理なくできることを試してみることです。

どうせやるなら、お金を稼がなきゃとか、がんばって集客しなくちゃ……と思うと、最初の一歩を踏み出す前に、つまずいてしまう可能性が高いかもしれません。なので、最初のうちは「自分の得意なことや好きなことで、誰かに喜んでもらえるだけで満点」だと思ってください。

自分の身の回りにいる友人知人、または家族を大事なお客様とイメージし、あなたの得意なことで、みんなを笑顔にしたり、喜んでもらう。そうできるよう、小さなチャレンジを積み重ねてみましょう。

絵を描くのが得意な方であれば、お子さんのイラストをブログに上げたり、4コマ漫画などを描いて、周囲の人に楽しんでもらう方法があります。写真を撮るのが得意な方であれば、ママさんカメラマンとして親しいママとお子さんの写真を撮り、喜んでもらうのもいいかもしれませんね。

「〇〇ちゃんのママって、こんなことが得意なんだね」と、周囲の人にまずは知ってもらうことから始めてみましょう。

好きなことや得意なことが仕事にできるかどうかは二の次にして、まずは、

「あなた自身が楽しんでできるかどうか」を大切にしてみてください。好きなことであれば、無理して肩ひじ張ることなく、ご自分のペースでうまく続けていけるはずです。

何人かのママ友で、ワイワイ集いながらネイルやメイクを教えてあげてもいいですし、お菓子作りをみんなで行うのも楽しいですよね。絵本が好きな方なら、学校や図書館などで読み聞かせのボランティアを始めるのも素敵ですし、時間に余裕ができたら、絵本専門士の資格をとることも可能です。

子育て中だから、今はまだ自分の好きなことなんて何もできない……そんなふうに悲観しないでほしいのです。

私も子どもが小さかった頃は、毎日本当にバタバタしていました。ですが書くことが好きだったので、子育てサークルの情報誌作りを何人かのママさんたちと一緒に行ったり、定期的に発行する子育て通信の編集に携わっていた時期がありました。

どこへ取材に行くにも、子どもを抱っこしたりおんぶしたり……けして楽ではありませんでしたが、自分が見聞きしたものを言葉にして多くの人に伝える喜びを常に感じていました。完全にボランティアでしたので、どれだけがんばっても一円にもなりませんでしたが、お金には代えられない経験を得られたと今でも感謝しています。

大変な時期にがんばって取り組んだことは、いつの日か大きな花を咲かせる日が必ずきます。

目指すべきゴールを明確にできたら、後は、「いつ・どこで・誰と・何を・なぜ・どのように」挑戦することができるか、アイデアを絞るだけです。

子育て中だから、あれもこれもできないと、ご自分に制限をかけるのは、もったいないことです。

私たちは、子育て中だからこそ、楽しめることがたくさんあります。

ぜひ、今この瞬間を思う存分、味わいつくしてください。

3●自分発信で今よりもっと受け取り上手になる

子育て中のせわしなさは変えようのない事実ですが、「目の前のことをどう見るか」で、受け取り方はがらりと変わります。

「自分が子どもたちの面倒を見なくてはいけない」「食事の支度や洗濯など、自分しかやる人がいない」となると、どうしても「やらされている感」が私たちの中に芽生えてしまいます。

「仕方がないのでやっている・やらされている」と考えると、どんなことを行うにしても、嫌々やっている感じや、渋々やらされている印象を自分に植え付けてしまうのですね。

そうすると、どんなに手際よく、てきぱき物事を片づけたとしても、「きちんとできた」という満足感や達成感が生まれにくいのです。もともと「やらされている」という考えが頭にあると、楽しさや喜びといった感情を抱くことが難しくなってしまうからです。

ですが、もしあなたが、子どもの世話や食事の支度、部屋の掃除などを、「自分がやりたいからやっている」となると、自分の受け取り方はどう変わるでしょうか。

自分が食べたいものをおいしく食べたいから、ご飯を作ってみた。片付いているほうが気分よくいられるから、散らかった部屋を掃除してみた。だらしない身なりをさせるよりも、きちんとしているほうが自分も子どももハッピーでいられるから、できる範囲で身支度を手伝ってみた。

そう考えるだけで、今よりも、イライラする回数が減るような気がしませんか？

もともと家事全般が得意でない方の場合、自分が好きだからやっているとは考えにくいかもしれません。「自分の喜びのため」と思うのが難しい場合は、家族が健康で幸せに過ごすためにあなたの力が非常に役立っている……そう思ってみてください。

母親であるあなたがいてくれるだけで、お子さんもご主人も、日々、たくさんのギフトを受け取っているはずです。温かい食事を食べられるのも、きれいに洗濯された衣服を身につけることができるのも、あなたがご家族のために、時間を割いてくれたおかげです。

あなたは、毎日、数限りない量のギフトを、愛する家族に与え続けているのです。あなたが料理を作ってくれたからこそ、お子さんもご主人も、今日一日、元気で過ごすことができています。きれ

いに片付いた部屋で、くつろぐこともできています。
あなたは愛する家族に対し、それぞれがハッピーでいられる衣食住を守り、支えてくれているとても大切な存在です。あなたがいなくなったら、お子さんもご主人も、これまでの生活が一変して、困り果ててしまうことでしょう。

あなたとつながりのある人は全て、あなたの心を映し出してくれる「鏡」です。心理学ではこれを「投影」という言葉で表しますが、あなたが日々の生活に満たされていると、あなたのお子さんやご主人もまた、毎日を生き生きと過ごすことができるのです。

一方で、子育ても家事も仕事も、「渋々やらされている」と感じながら行うと、周囲の人もあなたに対し、不満げな態度や、満たされない思いを「鏡」として、あなたにぶつけてきます。「こんなことをしても、ちっとも楽しくない・面白くない」という現実ばかり引き寄せてしまうのです。
ご家族があなたに対し、感謝してくれなかったり、大切に思ってくれていない場合、あなた自身がどのように日々振る舞っているか、どんな感情で家族に接しているか、一度振り返ってみてください。

あなたは、お子さんやご主人に対し、「ありがとう」と感謝の思いを伝えていますか？　親しいママ友と顔をあわせるたび、お子さんやご主人の愚痴をこぼしていないでしょうか。

もっと家族に愛されたい。大切に思われたい。自分の存在を認めてほしい……そう感じるならば、まずは、あなたが「今」この瞬間から、考え方と感じ方を変える必要があります。

より多くの愛情を受け取り、みんなから必要とされたいと思うのならば、あなたが発する思考や感情のチャンネルを、プラスの方向に合わせましょう。

本当は、テレビの1チャンネルを見たいと思っているのに、目の前に映る画面がずっと8チャンネルだとしたら？　どうすればいいか、おわかりですよね。あなたがリモコンを手にして、見たいチャンネルに合わせればいいだけです。

どうしてうちのテレビは、8チャンネルしか映らないの！　と、イライラしたり、不平不満を言う必要はないのです。

お子さんもご主人も自分勝手で、ちっともあなたの言うことを聞いてくれない。そう思っている場合、あなたは常に、家族のことを自分勝手でワガママな存在として、チャンネルを合わせている可能性が高いと言えます。

「どうせまた、散らかすんでしょ」「いつだって、やりたい放題なんだから」と、マイナスな方向にチャンネルを合わせるのを止め、あなたが見たい現実に意識を向けてください。

「うちの子は、ガミガミ口うるさく言わないと何一つ動こうとしない」という思い込みを、リセットしてみるのです。リセットしたあとは、あなたのお子さんが、自ら進んで行動している姿を見られる、そんなチャンネルに合わせてください。

すぐには変わらないかもしれませんが、あなたが、お子さんの可能性を信じれば信じるほど、お子さんの行動や態度に変化が出始めます。途中で信じるのをあきらめて再びマイナスの方向に意識を向けないよう、注意してください。

「未来」を変えたいと思うならば、「今」この瞬間にあなたの気分を変えることが最も重要です。「今」イイ気分でいることが、望む未来を引き寄せるからです。

納得のいかない相手をいくら変えようとしても、相手が変わってくれるとは限りません。むしろ、変わらない可能性のほうが高いと言えます。

あなたが目の前の現実に不平や不満を抱いている限り、現実もまた、あなたにとって、不平や不満を感じるような出来事を「鏡」として映し続けます。

私はカウンセリングを続ける中で、幸せになれない人には、ある一つの共通点があることに気が付きました。

それは、自分が不幸であることを〝人のせい〟にする習慣を持っている、という点です。
今の自分が不幸なのは、誰かや何かに原因がある。だから不幸せな環境に身を置かざるを得ない、と思っている方がほとんどなのです。心が満たされないのも、周囲に認めてもらえないのも、全ての原因は、身近にいる人がだらしないせいだったり、愛情のない行動や言動をする相手に振り回されているから。そう捉える傾向が非常に強いのです。

このような考え方を、心理学では「〝原因論〟で物事を捉えている」と考えます。過去、何らかのトラウマや心の傷を受けてしまったから、自分は幸せになれないのだ……と。不幸な原因が影響し、今なお、不幸な結果を招き続けているとする考え方です。

しかし一方で、全く違った物の見方をすることもできます。
心理学者の三大巨頭と呼ばれる一人、アルフレッド・アドラー博士の言葉を引用すると、

『いまのあなたが不幸なのは、自らの手で「不幸であること」を選んだから』

アドラー博士が唱えたこうした考え方は、「目的論」と呼ばれるものです。

誰かや何かのせいにしているうちは、自分は被害者なのだから幸せになれないのも仕方ない、と思うことができます。現実が変わらないことを、自分のせいにしなくても済みますし、変わらないことで、昨日も今日も明日も、「このままの私」でいることができます。

自分が不幸でいることを人のせいにする習慣を持つ方は、「変わりたい」と言いながらも、「変わること」が怖くてたまらないのです。

新しい自分になってしまったら、この先、どんなことが起こるかわかりません。今よりも、もっと苦しく、もっと辛い未来が待ち受けているかもしれません。それを思うと、「このままの私」でいたほうが、多少の不平不満があったとしても、まだガマンができると感じる方が多いのです。

けれども本書では、何度となく繰り返し、「ありのままの自分」として生きることをお伝えしてきました。「ありのままの自分」として生きることは、「このままの私」でいることをガマンすることではありません。

あなたが心から喜びを感じ、生き生きと輝いて日々を過ごせる方法を紹介してきたつもりです。

「ありのままの自分」を受け入れ、認め、許し、愛してあげてください。

もっと愛されたいとあなたが望むのならば、愛されるあなたになっていいのです。変わることが怖いということを認め、怖れている自分を許してください。

あなたの魂は、もっと自由でのびのびとし、どんな愛情も素直に受け取ることができます。

あなたが愛を発することで、今よりももっと多くの愛を受け取れるようになってください。あなたは、より多くの愛情を受け取っていいのです。望む以上の幸せと愛情と喜びを受け取ることを、どうかご自分に許してあげてください。

あなたの「内」が変われば、「外」も変わるのです。

4 ● 心の操縦席を明け渡さない

心の操縦席というのは、あなたがあなたらしく生きるために、とても重要な部分です。

心とは本来、目には見えない、自分だけのもの。そのため、他の誰かに明け渡すようなことはしないはずなのですが、私たちは多くの場面で、自分の心を他者でいっぱいにしていることがあるのです。

いくつか例を挙げて、ご説明しましょう。

普段から親しくしているママ友に、何気なく、傷つくことを言われたとしましょう。

すると、私たちは、そのママ友が発した言葉に戸惑いや動揺を覚え、

(どうして、あの人はあんなことを私に言うのだろう)

(あんな言い方をしなくてもいいのに)

(いくら親しい間柄とはいえ、失礼ではないか)

などと、多くの時間をママ友に費やし、思い悩んでしまいます。

このような時、私たちの心を操縦しているのは、自分ではありません。ママ友に傷つくことを言われたことを強く思うがあまり、〝対象となる相手〟が私たちの心を動かしてしまっているからです。

買い物をしていても、夕食の支度をしていても、頭によぎるのは相手のことばかり。「なぜ」「どうして」という自問自答を繰り返し、不安に思ったり、怒

りを覚えたりしてしまいます。

しかし。今、目の前に、相手はいません。いるのは、信頼していた人に裏切られたような気持ちを抱いている、自分だけ。

相手がいないのだから、異論も反論も今はできないのに、相手のことが頭から離れないのです。

心の操縦席を他人に明け渡している時というのは、このような時です。自分以外の誰かや何かが、自分の心に居座り、感情をコントロールしてしまっている状態です。

何か他のことをしていても、常に相手に言われた言葉や、その時の状況などを思い返し、気持ちが勝手に動いてしまっているからです。

本来、自分が心の操縦席に座っている時は、自分しかいないはずなのです。

今、自分が何をしたいのか。
今、自分が、何を見たいのか。
今、自分が、何を感じたいのか。
今、自分が、どこに行きたいのか。

何をどう選択するかは、自分が決めるべきことであるはずです。

しかし、自分以外の誰かや何かが心の操縦席に座っていると、自分が決めるよりも先に、誰かや何かが、勝手に自分のことを動かしてしまうのです。

あなたにも、そのような経験があるのではないでしょうか？

もう一つの例として、前の晩に些細なことで、ご主人とケンカをしたと仮定してみましょう。

ご主人は、仕事から帰るなり、あなたに対し、一方的に感情を爆発させ、責め立てたとします。そんな時、就寝するまでの間も、一晩明けて朝になってからも、あなたの心の中は、ご主人が占領しているのではありませんか。
朝食を作っている間も、子どもたちの支度を手伝っている時も、何となくイライラして、つい物にあたったり、感情的になってしまうことがあるのではないでしょうか。

たとえ前の晩にご主人と口論になったとしても、その後ずっとイヤな思いを引きずる必要はないのです。私も、もやもやした思いを引きずったまま、相手のことばかり考えてしまうことが多々ありました。イヤなことを言われたり、されたりしたその瞬間に、はっきり自分の思いを伝えられたら良かったのですが……。

かつての私のように自己肯定感が低い人の場合、自分の思いを伝えることに、抵抗を覚えてしまうケースが少なくないのです。
言い返したくても言い返せない人のほとんどは、相手の言葉や行為を一方的に浴びせられ、言い返す機会を持てぬまま、心身ともにひどく傷ついてしまいます。

傷つきたくないから、あえて口にせず、自分の内に感情を押しとどめる。そうすることで、かえって深い傷を負ってしまうこともあります。

では。いったいどうしたら、これ以上、傷を負わずに済むのでしょうか？
それには、たとえ遠回りなことに思えても、「ありのままの自分」を認めるのが一番良い方法だと、私は思います。

自分以外の誰かや何かに、心の操縦席を渡さない、イコール「常に自分のハートとつながっている状態」であると思うからです。

「自分のハートとつながる」ということは、自分の心の声に素直になることです。

常にそのような状態をキープするには、日々、何度でも、「ありのままの自分」にＯＫを出す作業が必要になってきます。

自分以外の何かや誰かを思い、心の操縦席から離れそうになった時は、「また自分は、このパターンにはまりそうになっているんだ」と、気づき、再び操縦席のハンドルを握り直してください。

合わせるべきチャンネルはいつだって、心の中心にいるあなた自身です。

少しの間、目を閉じて深呼吸を繰り返してみると、あなたの意識がきちんと、ご自分の心と体に向いていきます。あなた以外の誰かや何かに、イヤな気持ちを引きずっていると気づいたら、深呼吸で気持ちを整え、心の操縦席をしっかり取り戻しましょう。

「ありのままの自分」を認め、大切に思えるようになると、たとえ誰かに傷つくようなことを言われた時でも、きちんと自分の思いを伝えられるようになります。私もまさに、そうした体験を味わった一人です。
それまでは相手に嫌われたくないあまり、言いたいことも言えずに黙り込むしかできなかったのですが、相手が自分のことをどう思うかは相手の課題、つまり他者の課題であると、割り切れるようになったのです。

そもそも、自分の周りにいる全ての人から好かれるなんて、無理だと思いませんか？　どんなにあなたが心優しく完璧な人間であったとしても、あなたに対し文句を言う人や、何の関心も持たない人がいるのですから。

常に他人の顔色を窺《うかが》ってビクビクするくらいなら、いっそのこと「嫌われてもいい」と思えるくらい、開き直ってしまいましょう。

何も、周囲の人々に対して自分勝手な態度をとればいい、ということではありません。あなた自身も全ての人を好きになれないように、他人に対しても、「あなたのことを嫌いになる自由がある」と認めてあげればいいだけです。

あなたが、「ありのままの自分」を受け入れて心の操縦席にいると、周囲に何を言われても、振り回されないようになってきます。

たとえひどいことを相手に言われたとしても、「そういう言い方をされるのは、いくら私でも傷つく」と自信を持って言えるようになるからです。

その上で、「あなたは、私が従うことが当たり前だと思っているのかもしれないけど、私はしたくないの」という返答や、「今日一日、会社で何があったのかわからないけど、感情的に私にあたるのはやめて」と、あなたの本音を言うこともできるのです。

相手がいくらむしゃくしゃしていたとしても、あなたが毅然とした態度できっぱりと言うことで、確実に相手の心に響きます。

単に、相手があなたに甘えているだけの時もあるでしょう。もしくは、あなたのことを、自分より立場が弱いと思っていたような相手の場合、自分の非を素直に認めてくれるかもしれません。

心のハンドルをしっかり握り、あなた自身がハートの真ん中にいられるよう、心がけてみてください。

あなたの人生は、あなただけのものです。
他の誰も、あなたの代わりにはなれないのです。

5 ● 孤育てからの卒業

子育て中というのは本来、新しい発見の連続で、楽しいものであると思います。実際、私も子どもと過ごす時間の中で、公園を駆け回ったり、道に咲く花々を眺めたりしながら、小さな幸せを噛み締めていました。

そういう意味では、幸せというのは誰かに与えられるものでも、どこからかいきなりやってくるものでもありませんでした。

私が「幸せだなあ」と感じたのは、平凡に見える日々の中にどれだけ、幸せが溢れているか、自ら気づくことで得られた感覚だったからです。

子どもたちが成長するにつれ、それまでできなかったことも、どんどんできるようになっていきます。そうした成長を身近で見られるということは、親としてなによりの喜びであり、幸せであると感じられました。

また、子育て中は単に子どもを育てているだけでなく、私たち親の側も、「個」を育てることができる貴重な時間であると思います。

子育てをしながら、自分の「個」も育てる。

その間、私たちは心を耕すこともできれば、種を蒔き、花が咲くのを待つこともできます。心の中にどんな種を蒔き、どんな花を咲かせたいか、自分で決めることができるのです。

しかし私は、自分で自分のことが信じられず、蒔いた種を掘り起こしてしまうことが多々ありました。

「なんで、芽が出ないんだろう？」

「どうして、私だけ花が咲かないの？」

と、発芽するのを待ちきれず、種を掘り返してしまっていたのです。

子どもだって、一つのことができるようになるまで、時間が必要だというのに。私は自分の中の可能性が花咲くことを、なかなか信じられませんでした。

「なぜだろう」「どうしてだろう」「何がいけないのか」「どこに問題があるのか」などなど……。一度不安を覚えると、焦りや疑問などが押し寄せ、自分のことを疑い始めてしまいがちです。

「やっぱり、自分ではダメなんだ」

「どうせ、うまくいかないに決まってる」

「あの人は夢を叶えることができても、私には無理なんだ」

そうやって、私は自分自身に「NO」と言うことができる才能をふんだんに持っていました。ちょっとした不安を感じただけで、すぐにネガティブになり、うまくいかない理由を探してしまっていたのです。

自分自身に「YES」というのが、どれだけ難しかったことか。持って生まれた性格もあるのだと思いますが、私の場合、自分に対する否定的な思い込みが強すぎて、前向きになったり、落ちこんだりを、常に繰り返していました。

落ち込むところまで落ち込んでしまった時というのは、「個」育て中というよりも、「孤」を育てている時間なのかもしれません。

「孤」育てモードに入ると、自分は被害者なのではないか……という意識がどこからともなく湧き出してきます。

誰も、私のことを助けてくれない。

誰も、私のことなど気にしてくれない。

誰も、私を大切に扱ってくれない。……などなど。
「孤」育てのスイッチは、ある日突然、「ON」になってしまいます。

社会から切り離されているような感じがする時や、自分だけが周りから取り残されているように思う時は、「孤」育てスイッチが「ON」になっている時です。孤立感を抱き始めると、目に映るもの全てが冷たく、味気ないものに感じられることもあるでしょう。

自分だけが一人ぼっちであるように感じる時は、無理をして、誰か他の人と交わろうとするのではなく、自分との対話の時間を持ってみてください。気分が落ち込んでいる時に、がんばって周りのみんなと付き合おうとすると、より一層、孤立感を深めてしまう可能性があります。

人は、一人でいる時よりも、集団の中にいる時のほうが、孤独を感じやすいものです。

みんなと同じように明るくいられない自分を責め、ますます落ち込んでしまうこともあるでしょう。

自分自身と向き合う機会を持つことは、とても大切な時間です。心と体の緊張を解きほぐし、力を抜く心地よさを取り戻してください。

頭の中で日々、何度も繰り返される思考を通じて、あなた自身に問いかけてみてほしいのです。

あなたは本当に、一人ぼっちだと思いますか。
あなたは、自分の心の声に、ちゃんと耳を傾けていますか。
あなたは、自分のことを、大切に扱っているでしょうか。

どんなに親しいママ友であっても、長年付き合いのある友人知人であっても、深いレベルであなたの心を癒せる人は、いないのではないでしょうか。

あなたの心の奥底にある孤独を払拭し、安心感で満たせるのは、あなただけしかいません。

あなたにとって、最大の味方は、あなた自身であるからです。

深い孤独を感じる時ほど、「ありのままの自分」を受け入れ、愛し、認めてあげてください。

あなたはもう、誰か他の人と、自分を比べて劣等感を抱かなくてもいいのです。自分以外の誰かや何かに、なろうとしなくてもいいのです。

たった一度しかないご自分の人生を、自分らしく生きることだけに夢中になってよいのです。

ご主人やお子さんが、あなたの身近にいてくれたとしても、それぞれは別の人格を持つ存在ですよね。どんなに親しい間柄であっても、「離別感」を持って、接することが大事になってきます。

「離別感」とは、自分のことを大切に思うのと同じくらい、相手のことも大切に思い、一人の人間として尊重することです。

私たちは、相手が身近な人であればあるほど、「いちいち言わなくてもわかってくれて当然」という思いや、「自分と同じ考えや価値観を持つべきだ」という感覚におちいりがちです。

しかしながら。私は心理学から、親しい人であっても離別感を持つことの大切さ……いわば〝親しき仲にも離別感〟の重要性を何度となく教えてもらいました。親子や夫婦といった身近な人にこそ、程よい距離を保って、接することが大事であるからです。

ご主人やお子さんが、

●あなたの言うことを聞いてくれない

●何度言っても、わかろうとしない

●あなたの気持ちを理解してくれない

こんな時、あなたは、相手に怒りを覚えたり、失望したりするかもしれません。そのような場合は、ぜひ、〝親しき仲にも離別感〟というワードを思い出し、相手とほど良い距離を持つように努めてみてください。

子どもは、年と共に成長し、自然と親の手から離れていきます。いつの日かお子さんが大きく育った時、あなたがいないと何一つできないなどということがないように、幼いころから少しずつ「自分のことは自分でできる」ように見守ってあげる必要があります。

「離別感」を持って接するというのは、何も、子どもの好き勝手にさせることでも、子どもを放任することでもありません。お子さんが自分でできる可能性の芽を、親の都合で摘まないということです。

実は、「親しき仲にも離別感」を持っていると、「自分だけがどうして？　なぜ？」という孤立感も生まれにくいのです。

一から十まで、何でもあなたがご主人やお子さんの世話をがんばり過ぎてしまうと、あなたは心身ともにくたびれて、「自分だけがどうしてこんなことに……」と不平や不満を感じ、誰か他の人と自分を比べ始めてしまいます。

比べることで結局は「私だけがひどい目に遭っている」という思いや、「いくらがんばっても報われない」といった感情を抱きかねないのですね。

しかし、家族や友人といった身近な相手に「離別感」を持って接していると、相手に過度な期待を抱くことがなくなります。

自分と周りの人を、いい意味で切り離して考えられるようになることで、周囲に振り回されなくなるのです。

「離別感」を持っているほうが孤独を感じやすいのでは？　と思ってしまいがちですが、本当は逆なのです。

常に他の誰かと一緒でないと生きられないと考えるよりも、相手とほど良い距離感を持つことで、あなたは自由を感じ、「ありのままの自分」として生きることができるからです。

お子さんがまだ小さく、手がかかるうちは、「離別感」を持たなきゃ！　などと無理をせず、できるだけ甘えさせてあげてください。

一人ではまだ何もできないお子さんに対し、互いを切り離して接する必要はありません。

成長と共に自立し始めた時に、少しずつ距離を置いて、見守ってあげればいいだけです。

お子さんが小さいうちは、あなたの身の回りにいる大人と「離別感」を持って接するだけで十分です。相手があなたにとって、親しい間柄であればあるほど、良い距離を保って、付き合うことを心がけてみてください。

そうすることで、あなたはもう、「弧」を育てることなく、「個」でいることの心地よさを感じられるはずです。

「弧」育てから卒業したあなたは、

- **常に誰かと同じでないと不安になることもなく**
- **相手に見返りを求めなくなり**
- **相手との違いを楽しめる**

こういった変化があるのではないでしょうか。

ここまでたどり着いたあなたはきっと、「ありのままの自分」でいることがどれほど大事か、十分理解していると思います。

「ありのまま育児法」は、あなたがあなたらしくいられる、最も身近で、無理のない方法です。

日々のいそがしさに心をすり減らすことなく、あなたが喜びを感じる道を、どうぞ歩んでください。あなたは、今後ますます自分らしく輝き、毎日を生き生きと過ごすことができます。

他の誰のものでもない、あなただけの輝きを、思う存分味わい、楽しんでください。

特別編

第5章 「あり育」流 個別のお悩み相談

1 新米ママ 0～1歳までのお悩みベスト3

さあ、ここからは特別編！　お子さんの年齢別に相談の多いお悩みについて、詳しく見ていきましょう。

特別編のスタートを飾るのは、「新米ママさんが抱きやすいお悩みベスト3」についてです。

ちなみに本書で取り上げるランキングは、私個人の育児経験と、個別のカウンセリングを基に導き出したものを活用させていただきました。

① 夜泣きによる睡眠不足

生まれて間もない新生児の頃は、夜泣きや授乳による睡眠不足に悩まされる方がほとんどです。中には昼も夜もぐっすり良く寝てくれる赤ちゃんもいますが、新米ママさんの多くが慢性的な睡眠不足を抱えています。

特に母乳で育てている場合、ミルクと比べて消化が早いという説もあり、昼夜関係なく頻繁に授乳をしている方がたくさんいらっしゃいます。私自身も3人の子を母乳で育てたため、毎晩、2〜3時間おきに授乳していました。
新生児の内は、どうしてもまとまった睡眠がとりづらく、ストレスが溜まりますよね。

ちなみに。産後の母親には睡眠に関するホルモンが盛んに分泌されるらしく、細切れの睡眠であっても、対応できる仕組みになっているそうです。
「眠りたい時に、眠れないことがこんなにも大変だとは思わなかった……」という声をたびたび耳にしますが、生後間もない頃は、一週間のうち半分程度でもまとまった睡眠がとれていれば、良いほうなのかもしれません。

夜間に睡眠がとれない分、赤ちゃんが昼寝をした時に、お母さんも一緒に寝てしまいましょう。赤ちゃんが寝ている間に、溜まった家事を片づけたくなると思いますが、体を休めることを優先させてください。

細切れの睡眠であっても、新生児を育てているうちは、できるだけ赤ちゃんと一緒に睡眠をとることが大事です。

ミルクを嫌がらずに飲んでくれる赤ちゃんであれば、夜寝る前だけミルクを飲ませることもできますし、週に一回だけでも、朝までぐっすり眠ることができるよう、夫婦間でうまく赤ちゃんのお世話を分担してください。

どんなに仕事がいそがしいご主人であっても、最初が肝心です。

お互い新米ママ、新米パパの内に、子育ては父母２人が協力し合って行うものであるという考えを共有してください。

② 自分の時間がない

妊娠中は比較的ゆったりとくつろげる時間が多くても、産後は、赤ちゃんの世話に追われ、目まぐるしい日々を送っている方がほとんどだと思います。ご実家などに里帰りをしている間は、ご家族など誰か他の方が、あなたや赤ちゃんの身の回りの世話をしてくれたかもしれません。
しかし里帰りを終え、ご夫婦で暮らす自宅に戻った途端、全ての家事、育児を母親であるあなた一人が背負ってしまう……といったケースが少なくないのです。

新米ママさんであればなおさら、赤ちゃんのちょっとした変化にも不安を抱きやすく、気に病んでしまいがちです。

個人差がありますが、家事も育児も完璧にこなそうとがんばってしまうのは、新米ママさんが多いのです。

出産前と出産後を比べると、自分のために使える時間は確かに産後のほうが少なくなります。ただ、そうした慌ただしさも、赤ちゃんがいる暮らしに慣れてくると、家事と育児の合間合間でうまくやりくりして、ご自分の時間を確保できるようになってくると思います。

新生児を持つ新米ママさんにとって最も大事なことは、家事も育児も一人で

抱え込まないこと、という点です。

あなた一人で、何もかも全て背負おうとすることなく、できるだけ多くの人の手を借り、サポートしてもらいましょう。「子育ては女性の仕事である」とか、「母親が子どもの面倒を見るべき」などという声に囚われないでください。

どんな赤ちゃんもみな、大きく育つためにたくさんの人の手を借りねばならぬように、生まれてきています。ですから、母親一人が赤ちゃんの世話を全て背負おうとしなくてもいいのです。堂々と自信をもって、多くの人に子育てをお願いしてください。

「あり育」で大事なことは、できるだけ無理をせず、ワクワクできることや、ホッとできるほうを選ぶということですよね。

時には、お子さんのお世話をご主人や家族にお任せして、あなた自身がホッとできる一人の時間を持つようにしてください。

③ ご主人が育児に協力してくれない

私たちの周りではまだ、「子育ては、母親である女性がするもの」という考えが根強く残っていると思います。中には、積極的に育児をしてくれるご主人もいらっしゃいますが、男性の側からすると、お子さんの世話を「手伝う」という意識をお持ちの方が多いのが現状ではないでしょうか。

赤ちゃんを抱っこしてあやすのも、お風呂に入れるのも、着がえをさせるのも、「手伝ってあげる」という気持ちのままでいられると、女性の側は、納得のいかない思いを抱かれると思います。

目の前にいるお子さんは、父母2人の間に生まれた尊い命です。2人の子どもである以上、父親も母親も互いに協力し合って、お子さんを育てるのが、本来の姿形であると思います。

ご自分のお子さんに対し、何をどうしたらいいかわからないと、ご主人も最初のうちは戸惑われるかもしれません。そのような場合はどうか遠慮なく、あなたからご主人に対し、「こうしてほしい」という希望をその都度伝え、子育てに参加してもらいましょう。

何をどうしたらよいかわかれば、ご主人も、「こんな時はこうすればいいんだな」とあなたの指示を待たずとも自ら動けるようになります。わからなくて戸惑っているところを、あなたに叱られたりすると、ご主人もたちまちやる気を失ってしまうかもしれません。

夫婦2人で協力し合って、子育てをしたいと願うならば、ご主人が積極的に関わってくれるような環境づくりが必要になってきます。

あなたからすると、ご主人のやり方が多少乱暴に見えたり、危なっかしく感じることもあるかもしれません。ですが、お子さんに対するご主人の愛情を信じ、彼に任せることや委ねることも、とても大事です。

ご主人が、お子さんの世話を渋々やらされていると感じることがないように、あなたがうまくサポートしてあげてください。その際、どんな些細なことも褒めて認めるというのは、「自分褒め」で行ったことと同じです。

ご主人に対しても、感謝の気持ちを忘れず、たくさん褒めてください。2人の子どもなのだから、面倒を見るのなんて当たり前と思うよりも「一緒に育ててくれてありがとう」という感謝の気持ちで、ご主人に接してみてくださいね。もっともっと、ご主人が、あなたのことを力強くサポートしてくれるはずです。

2●1〜3歳児の子育てお悩みベスト3

①親の言うことを聞いてくれない

この悩みは、お子さんの年齢にかかわらず、長い間つきまとう問題でもあります。特にこの年齢の子どもは、成長と共に自分でやりたい意欲が増す時期です。「自分でやる！」と言っては、うまくできずに癇癪《かんしゃく》を起こす、難しい年代でもあります。

少しずつできることが増えてくる年代ですが、まだ多くの場面で、親の助けが必要な頃です。うまくいったり、いかなかったりを繰り返しながら、子どもも成長します。ですから、基本的には子どものやりたいように見守る、という姿勢が大切になります。

その上で、危険なことだけは、きちんとその場で教えてあげてください。

着がえや片付け、食事など、身の回りのことを子どもが一人でできるようになるには、何度となく失敗を繰り返します。子どもにやらせずに、お母さんが全てやってしまうほうが、手間も暇もかからず、スムーズにいくことがほとんどでしょう。

けれど、ここはあえて、子どもに失敗することを経験させるのも大事です。自分一人でできたときの喜びを、お子さんに味あわせてあげてください。親の都合で、子が得ることのできる達成感や満足感を奪うことがないように、心がけてください。

お子さんが1～3歳くらいの間は、甘えと自立を繰り返しながら、成長する時期です。この時期に親に対して反抗的な態度をとるのは、子どもが成長している証でもあります。

「何をやってもやらなくても、お母さんやお父さんに叱られてしまう」と子どもが覚えてしまうと、自ら進んで何かをすることが怖くなり、常に周りの目を気にしてビクビクするようになってしまいます。

うまくいかなかった時でも、頭ごなしに叱らず、お子さんが自分一人でやろうとしたことを褒めてあげてください。約束していたことを守れなかった時は、「Iメッセージ」を使って、お子さんにあなたの気持ちを伝えてみましょう。

② トイレトレーニングがうまくいかない

オムツ外しに関しては、個人差が大きく影響しています。何の苦もなくすんなりオムツが外れてしまう子もいれば、何度も失敗を繰り返し、長い時間をかけてようやくオムツから卒業できるという子もいます。

一般的には、薄着で過ごすことのできる夏前からトイレトレーニングを始めて、夏の間にオムツが外れる子が多いようです。

「あり育」流で言うと、トイレトレーニングに関しても、できるだけ無理をせず、ワクワクすること、ホッとできる方法を選ぶことが大事です。

トイレでちゃんと排泄ができると、こんなにもスッキリして、イイ気分になるんだということを、お子さんに教えてあげてください。

基本的に大人も子どもも、イヤな気分になる場所には足が向きません。わざわざトイレにまで足を運んで用を足すということが、子どもにとって楽しいものである必要があります。

そのため、トイレトレーニングの間は、トイレやおまるに座るのが楽しくなるような工夫や仕掛けがあると良いでしょう。ご家庭によっては、スタンプやシールなどを使って、ゲーム感覚でトイレトレーニングを行っているケースもあります。トイレに行かないと遊べないおもちゃやぬいぐるみなどを用意している、という方もいらっしゃいます。

どんな方法を試すにしても大切にしたいのは、できるだけ無理なく、楽しみながら取り組むということだけ。オムツ外しを始める時期がちょうど、2歳前後のお子さんの「イヤイヤ期」と重なるケースが多いため、なかなかうまくオムツが外れないという体験談を耳にしますが、この時期の子どもは、何でも新しいことをやってみたい好奇心が強く、パパやママに褒められたい気持ちでいっぱいです。

他のお子さんと自分の子を比べて、焦ったり、急かしたりすることがないよう、長い目で見守ってあげてください。

③食べ物の好き嫌いが多すぎる

食に関する悩みはお子さんの年齢に関係なく、幅広い年代で耳にします。幼少期では特に、野菜嫌いで困っているという声が多いようです。

お子さんによっては感覚が過敏で、舌触りの善し悪しにより、野菜が全く食べられないという子もいます。また、噛んだ時の食感や、耳に伝わってくる音などに拒絶反応を示す場合もあります。

とはいえ、こうしたケースは稀なほうであり、ほとんどの場合、見た目だけで食べることを受け付けないという子や、野菜特有の苦味がニガテ、という子が大半でしょう。


幼少期の子どもの場合、まずは小さく切り刻んで食べやすい大きさにする、とろみをつけてのど越しを良くするなど、調理法を工夫してあげてください。

生野菜がニガテな子であっても、煮たり焼いたり蒸したりすれば、食べられるという子も多いので、スープやみそ汁、カレーやシチューなども、献立の一つとして大いに活用したいところです。


大事なことは、幼少期に無理やり食の好き嫌いをなくそうと、がんばりすぎないことです。もともとニガテなものを「食べろ食べろ」と怖い顔で責められると、お子さんは、ますます野菜嫌いになってしまうかもしれません。

そのため、この年代のお子さんに対しては、好き嫌いを克服するよりも、楽しく食事を摂ることを習慣づけること。こちらを心がけたほうが親も子もハッピーでいられるはずです。

家ではけして野菜を口にしなかったけれども、幼稚園や保育園に通い出すと野菜が食べられるようになる、そういう子どもがたくさんいます。

親の側からすると「栄養が足りていないのではないか」と心配されると思います。ですが成長と共に、食べられるものも増えていきます。

焦らずゆっくり、お子さんのペースを信じて、楽しい食事を満喫してください。大人も子どもも、栄養を摂ることに躍起になるよりも、心の栄養を補うことを大事になさってくださいね。

3 ● 3～6歳児の子育てお悩みベスト3

① いくら叱ってもガマンができない

3歳から6歳くらいのお子さんに関するご相談で最も耳にするのは、「うちの子がガマンができなくて困っている」というお悩みです。お友達が使っていたおもちゃを無理やり取り上げてしまったり、ダメと言われたことをすぐにやってしまうなど、ガマンができないお子さんに対し、悩みを抱えているお母さんがたくさんいらっしゃいます。

中でも特に、幼稚園や保育園に通い始めて間もないお子さんに、多く見られるケースではないでしょうか。集団生活の中では、園でのルールや、決められたスケジュールに沿って行動しなければならず、子どもなりにストレスを感じ

る子が多いのですね。

とはいえ、みんなと一緒に仲良く過ごすには、ルールや決まりを守る必要があると少しずつでも学ばねばなりません。この年代の子どもは、目の前にある欲求をおさえることがまだ難しいため、何度でも繰り返し、言い聞かせることが大切です。

その際に気を付けてほしいのは、ただ注意するだけではなく、お子さんにより良い方法を教えてあげることです。

叱る時のポイントは、

- **ガマンができなかった理由や原因を聞いてあげる**
- **子どもの人格を否定するようなことは言わない**
- **あれもこれも、一度にいくつも叱らない**

という3つです。

何日も前のことを蒸し返して怒ったり、「ダメな子ね」「なんて悪い子なの」などと、子どもの人格そのものを否定することがないよう、注意してください。

おもちゃの取り合いだったら、「順番に遊ぶようにしようね」と声掛けをしたり、カッとなって手を出してしまった場合は「○○くんだって、誰かにぶたれたら、痛いでしょ？　お友達も同じなんだよ」と、相手の立場に立って物事を考える力を養ってあげましょう。

中でも重要なのは、お子さんがガマンできなかった理由を聞いてあげること。理由も聞かずに、頭ごなしに怒ってしまうと、子どもの心を傷つけてしまいます。

いじわるをしたり、カッとなって手が出てしまった場合、なぜそうしたのか、そもそもの理由を聞いてあげてください。その上で、次、同じようなことが起きたら何ができるのか、お子さんと一緒に考えてあげましょう。

お子さんが自分で考える力を身につけると、お友達に対し、癇癪を起こすよりも、もっと別の方法で楽しく過ごせるということが理解できるようになります。

そのためにも、お子さんの身近にいるパパやママの日頃の行いがとても大事なのです。叱るたびに、お子さんをぶったり、叩いたりしていたら、子どももまた、パパやママと同じことをするだけです。何か気に入らないことがあったら手を出していいんだと、子どもは学んでしまいます。

パパやママが普段どうしているか、子どもはよーく見ています。口だけではなく態度でどのように示しているか、ふり返ってみてくださいね。

② 赤ちゃん返りをするようになった

少しだけ親の手から離れて、自分のことは自分でできるようになったかな……

と思った矢先、子どもが急に赤ちゃん返りをし出したり、引っ込み思案になったりすることがあります。

実際に、第2子、第3子と、下の妹や弟が生まれたご家庭も多いと思います。そうした場合、上の子が赤ちゃん返りをするのは、ある意味、当然と受け取れますが、一人っ子の場合でも、赤ちゃん返りに似た行動や言動が見られることが少なくありません。

「ようやく手がかからなくなったと思ったのに。どうしちゃったのかしら」と心配なさっている方もいらっしゃることでしょう。中でも特に、4歳前後のお子さんに、心と体の変化が現れやすいと言われています。

これまでは自分中心で物事を見たり、考えることしかできなかった子どもも、4歳くらいにまで成長すると、自分以外の誰かや何かの立場に立って、物事を考えられるようになるのです。

こうした変化は、認知能力が発達した証拠の一つと言われています。幼い頃は怖いもの知らずで、興味があることにすぐ飛びついていたような子も、成長とともに危ないことには手を出さなくなったり、怖気づいたりするようになります。

ちょっと前までは、本当にやんちゃで、手が付けられなかったような子も、急にビクビクして、尻込みするようになる。それは「認知能力が発達した影響である」と思ってください。

ほかにも、気分がコロコロ変わったり、変にベタベタ甘えるようになったり、落ち着きがなくなる……といった変化も、この時期のお子さんによく見られる傾向と言えます。

体が大きくなった分、中身も、お兄ちゃんお姉ちゃんらしく成長しているに違いないと、つい期待してしまいがち。ですが、パパやママに甘えることで、ホッとしたい年頃なのです。

「もうお兄ちゃんなんだから、一人でできるでしょ？」と、お子さんを突き放すことなく、時には思いっきり甘えさせてあげてください。パパやママに十分甘えさせてもらうと、お子さんは安心感を得て、積極的に行動できるようになります。

必要な時に、必要な分だけ、心の栄養を蓄えられた子どもは、目に見えぬ根っこをぐんぐん伸ばし、力強く成長していきます。

③ ちゃんとしつけができているか不安

しつけに関する悩みは、お子さんがどんなに大きくなったとしてもつきまとうもの。親として、しつけが十分にできていないから、子どもがトラブルを起こすのではと、悩まれる方が非常に多いのです。

私自身も3人の子を育てる上で、子どものしつけに関しては、ずいぶんと悩みました。しつけをするべき時に、きちんと行わなかったのではないか……と何度となく自分自身を責めたものです。

これはあくまでも私の実感ですが、子どもへのしつけは、必要最低限で良いのではないか、と思います。

身の危険に関わることや、誰かや何かを傷つけることをしないなど、社会に出て一人で生きていく上で、身につけておかねばならない最低限のルールや決まり。これをしっかり教えてあげられれば、十分ではないでしょうか。

しつけに関してはむしろ、必要以上にやり過ぎるほうが、私としては心配になります。過保護とも思えるほど親が先回りして、子どもに何でも、「ああしなさい」「こうしなさい」と口や手を出してしまうと、子どもが自分で考える力を奪ってしまうことになりかねないと思うからです。

「あり育」では特に、「ありのままの自分」として生きることの重要性をお伝えしていますよね。これは、育児に携わるあなただけでなく、お子さんに対しても、大事にしていただきたい点です。

しつけをすることで、子どもを親の思い通りにしたり、親のコントロール下に置こうとしないこと。このことが、とても重要であると思います。時には失敗したり、間違えることがあっても、子どもにとって必要な痛みや、経験となるものが多々あるのではないでしょうか。

幼い子に最も必要なのは、有り余るほどの愛情を注ぐこと。子どもの身近にいる大人が愛情をもって接していれば、子どもも自然と大人をまねて、しつけを身につけていくと思います。

4 ● 学童期の子育てお悩みベスト3

① 勉強そっちのけで、ゲームで遊んでばかりいる

小学生のお子さんをお持ちのママさんであれば、一度は必ず、不満を抱いたり、心配したりする悩みの一つであると思います。

やらなければいけない宿題をやらずに、何時間でもゲームをしていたり、マンガを読むのに夢中で、勉強をするのを忘れてしまう……といったご相談を多々、耳にします。

体は、ある程度大きく成長したとしても、小学生の間はまだ、勉強よりも遊びに夢中になるものです。その遊びが刺激的なものであればあるほど、時が経つのも忘れて、何時間でも夢中になって遊んでしまいます。

ゲームをしていいのは、30分だけよ、とか、1時間だけだからねと約束したとしても、きちんと約束を守れる子は少ないのではないでしょうか。
お友達と外で、思いっきり体を動かして遊んでいるならまだしも、部屋にこもって、ゲームの画面にくぎ付けとなると、さすがにどうしたものかと心配になりますよね。わが家でも、この手の問題にはたびたび悩まされ、頭を抱えたことがあります。

ゲームで遊ぶことがほとんどない方にしてみたら、子どもがなぜ、ここまでゲームに夢中になるのか、さっぱりわからないかもしれません。親と子の考えがかみ合わないのは、ゲームそのものに対する理解度・認知度のギャップが存在しているのではないでしょうか。

できれば実際に、お子さんが持っているゲームをみなさんも試してみてください。いざやり始めてみると、30分なんてあっという間に過ぎてしまうことがわかると思います。

今現在、市場に流通しているゲームのほとんどは、その道のプロともいえる大人たちが何十時間、何百時間もかけて作り上げたハイクオリティーなものばかりです。どのゲームも、時間を忘れて夢中になってもらえるよう、細部に至るまで工夫をこらして開発されたものであると言えます。

大の大人が、しぼり出せる知恵を全て絞り出し、開発にかける時間とお金を全て注ぎ込んだ末に生み出されるのが、今子どもたちが手にしているゲームなのです。夢中になるなというほうが、そもそも無理なんですよね。目の前に、楽しくてたまらないと思えるゲームがあったら、つい手が伸びてしまうだろうと、私も思います。

最もわかりやすい解決法は「子どもにゲームを買い与えない」ということですが、何もかも全て取り上げてしまうのはかわいそう……と感じる親御さんが多いかもしれません。

全てを取り上げるのではなく、ある程度容認してあげたい場合、ご家庭によって、ゲームに関するルールを決めるのが一番だと思います。親の側が一方的に決めたルールではなく、お子さんと一緒に「どんなルールだったら守れそう」か、アイデアを出し合ってみてください。

いくら約束をしても、子どもにしてみたら、決められた時間を守るのはカンタンなことではありません。なのでできるだけ、大人の目が届く範囲で遊ばせるようにしたいですね。

私たち大人も、面倒なことは後回しにして、楽なことや、面白いことを優先しがちだと思います。こうした考えは、大人も子どもも変わらないのでしょう。面倒なことであっても、やるべきことはきちんとやるように、ある程度工夫や仕掛けが必要なのかもしれません。

「勉強しなさい！」と怒鳴るだけでは、子どももやる気が出せません。いかに集中して、勉強に取り組めるか。それこそゲーム感覚で、お子さんに試してもらうのもアイデアの一つだと思います。

こうした取り組みも、「あり育」流の考えに沿ったものです。選べるならば、できるだけワクワクする方法を選ぶという基本に則っていますよね。

毎回同じ決まりを課すのではなく、日によって、ゲームで遊んでいい時間を長くしたり、勉強をがんばった分だけ遊べる時間をプラスするといった方法も、取り入れてみてもいいかもしれません。

あなたとお子さんで知恵を出し合って、どうしたらもっと、楽しく勉強できるか考えてみてください。その上でルールを設ければ、お子さんも納得して、勉強も遊びも楽しめるようになると思います。

② 何を聞いても気のない返事ばかり　親に話をしてくれなくなった

お子さんの年齢が上がれば上がるほど、普段の会話が少なくなったという声をよく聞きます。個人差があるので一概には言えませんが、心身の成長と共に、相談したい相手が親から友人へと変わるのは、とても自然なことです。

「今日、学校どうだった？」とあなたが聞いても、「別に」とか「特に何も」といった返事がお子さんから戻ってくることもしばしばでしょう。

小さい頃は何でも話してくれた子も、親に対して次第に口が重くなり、話すことを面倒に思うことがあります。

とはいえ、こうした心配も、日によって子どもの態度がコロコロと変わるので、親御さんにしてみたら、どう受け取っていいものか、やきもきしてしまうかもしれません。

一般的には10歳を過ぎた辺りから徐々に、甘えと反抗の繰り返しが激しくなると言われています。

「ねえねえ、お母さーん」と急に甘えてみたかと思えば、次の日には、何を聞いてもムスッとして、「うるさいなあ」とか「放っておいてよ！」などと、反抗的な態度をとることもあると思います。

そんなお子さんを見て、「急にワガママになった」と感じたり、「ウチの子は、気分屋すぎて手に負えない」と感じる方もいらっしゃると思いますが、深刻に受け止めすぎないようにしてください。

私たち自身も、十代の頃は、親の手から離れ、友人との関わりを大切にしたはずです。

親に何でも相談するよりも、友人と心通わすことや、親しく付き合うことに、夢中になっていた時期を思い出してみてください。

親からあれこれ聞かれることを、うっとうしいとか、めんどうくさいと思ったことが、あなたにもあったと思います。だからといって、親のことが嫌いになったという訳ではなく、必要な時にはちゃんと、ご両親に相談を持ちかけていたのではありませんか？

子どもが、反抗的な態度を取るようになったら、心の中でそっと、拍手をし

てあげてください。親に対し、素っ気ない態度や、気のない返事をするのも、子どもが成長した証の一つです。

こうした背景をふまえた上で、時には、「親しき仲にも礼儀あり」という考え方を教えてあげましょう。親や兄弟など、いつも身近にいる安心できる相手であれば、何の遠慮もなく言いたいことを言ってもいい訳ではないですよね。

お子さん自身が言われたり、されたりしたら、嫌だと思うことは相手に対してもしないように、何度でも繰り返し伝えてください。

相手の立場にたって、物事を考えられるようになればなるほど、お子さんの態度も少しずつ、変化していくはずです。

③ 子どもの友人関係について　いじめの問題

本来、いじめに関してはこのような場でお答えする形ではなく、一冊丸ごとかけて取り上げるべき大きな問題であると思います。けれどもやはり、今現在、いじめに悩んでいらっしゃる親御さんとお子さんがいる以上、見て見ぬふりはできません。非常に重要な問題であるからこそ、この場をお借りして私なりに解決策を提案させていただければと思います。

もし、あなたのお子さんが、お友達との間でぎくしゃくし、いじめを受けていたとしたら。でも最初はなかなか、苦しい胸の内をご両親に相談することができないかもしれません。いじめられているお子さんにしてみると「自分に何か良くない点があるから、みんなにいじめられるのだ」と思ってしまいがちです。

そのため子どもは、みんなからどんなにひどい仕打ちを受けても、苦しんでいることを誰にも打ち明けず、ガマンしてしまうことが多いのです。

明らかに言葉や態度でもって、「何かがおかしい」とSOSのサインを出せる子もいれば、全くそんな素振りを出さない子もいます。

中でも特に、普段から「いい子」でいるお子さんほど、親に心配をかけまいと、自分の弱味を見せたがりません。

お子さんに対し、ほんの少しでも気になる変化を見つけたとしたら、わずかなサインを見逃さず、その場ですぐ確認する必要があります。

特に気をつけるべき変化を、四つ挙げてみます。

- 身体、服装の変化（しばしばケガをして帰ってくる。原因不明の腹痛や吐き気、食欲不振、微熱などの症状がある。衣服の乱れ、汚れ、破れなど）
- 持ち物の変化（教科書、ノート、文房具、上履きなど、子どもの持ち物がなくなる。汚されたり、落書きされたりする。子どもが大事にしているゲームやカード、宝物などがなくなる）
- 言動の変化（仲が良かった友達の話をしなくなる。学校に行きたがらない。無口になる。ため息をよくつく。携帯のメールやラインなどを怖がるよう

になる）

●感情の変化（元気がない。怒りっぽくなった。目を合わせなくなる。うつむきがち。人や物にあたるようになる）

これらの変化及び症状のうち、一つでも気になることがあったら、躊躇せずすぐさま、お子さんと話す時間を持ってください。

中には、「何でもないよ。ちょっと学校で転んだだけ」と親を安心させるようなことを言う子もいれば、「なくしたっていうか、誰かに貸したのかもしれない。よく覚えてない」と、うまくごまかそうとするタイプの子もいます。

大したことじゃないと子どもに言われたとしても、その後しばらくの間、お子さんの様子を注意して見ましょう。子どもは、「大丈夫だよ」と返事をしたけれど、やはり何かがおかしいと思う点が出てくるかもしれません。

いじめに関しては、できるだけ早い段階で、いじめの芽を摘む必要があります。子どもが発しているＳＯＳを早めに読み取り、解決への糸口を探ってください。

子どもがいじめを受けているとわかったり、相談された時は、親御さんも大きなショックを受けると思います。けれど、その際、できるだけ感情的に取り乱さないように努めてください。

お母さんやお父さんが、自分のせいで泣いたり悲しんだり、苦しんだりしている姿を見ると、お子さんはますます、自分のことを責めてしまいます。

本当は大きく傷つき、とても冷静ではいられなくても、この場だけはご自分の感情をグッと抑え、お子さんの話を聞いてあげてください。

話を聞いた上で、お子さんに言葉をかけるとしたら、

「あなたは絶対に、悪くないよ」

「あなたは何一つ間違っていないからね」

と、目の前のお子さんをまるごと認め、受け止めてあげることです。

いじめを受けているとわかった時、けして言わないで欲しいのは、お子さんを突き放すような言葉です。

「なんでもっと、早く相談してくれなかったの」

「あなたにも悪いところがあるから、そんな目に遭うのよ？」

「やられっぱなしじゃなくて、やり返しなさいよ。どうして黙っていたの」

「もっと強くなって、いじめている子に言い返しなさい」

「びくびくしてるから、いじめられるのよ。もっと強気になりなさい」

……十分すぎるくらい、傷ついている子どもに対し、「あなたにも何か悪いところがあるんじゃないか」と告げることは、言葉の刃でもって、お子さんの傷口をえぐるようなものです。


子どもは、自分の人格を否定されたと感じ、さらに傷を深くしてしまいます。

悪いのはいじめを受ける側ではなく、いじめている子のほうなんだと、教えてあげてください。

どんな事情があるにせよ、いじめをしていい理由にはなりません。

大事なことは、

- お子さんはけして悪くないと認めてあげること
- 安心安全な場所がここにあると伝えてあげること
- どんないじめを受けていたのか、冷静に話を聴くこと
- 学校及び担任の先生等に、報告、相談をすること
- いじめに関わったグループ及び本人に、話を聴くこと
- 事実確認をした後、いじめをしていた本人に謝罪させること

これらをまず、お子さんと相談した上で実行に移していきましょう。

いじめていた側から事実確認がとれるまでは、ある程度時間がかかるかもしれません。いじめをしていたことを認めないケースも考えられますし、学校によっては、事実確認の有無に積極的に対応してくれないこともあるかもしれま

せん。

問題がきちんと解決できるまでは、焦りや不安が生じ、いてもたってもいられないこともあると思います。

解決に際し最も重要なのは、いじめていた側に反省を促すことと、もう二度といじめをしないと約束させることです。これら2点を受け入れてもらえない限り、お子さんを安心して学校に通わせることはできないと思います。

この2点に関しては、親御さんが毅然とした態度で、何度でも強く、相手側に求めてください。

いじめを苦にして、尊い命が失われることがないように、お子さんの身を守らねばなりません。

最も重要なことは、お子さんの命を守ることです。

心身の安全が約束されない以上、しばらくの間、学校を休ませるのも一つの手段です。解決の糸口が見いだせない限り、無理をしてお子さんを学校に通わせる必要はありません。お子さんの心の傷が癒えるまで、自宅でゆっくり過ごしてもらうことも選択肢の中に入れてください。

勉強面での遅れは、後からいくらでも挽回できます。問題が無事解決するまでも、解決した後も、心に留めてもらいたいのは、お子さんのありのままを認め、許し、愛してあげることです。

いじめによる心の傷は、目には見えません。

一見すると、明るく立ち直っているように見えても、心の奥底では、深い傷を負ったまま、癒えていないということが多々あります。

みじめな思いをしたり、恥ずかしい目にさらされたり、一人ぼっちの寂しさを味わった子は、自信を失い、自分で自分のことを大切に思えなくなっていることがほとんどだからです。

お子さんが、本来の明るさを取り戻すまで、何度でも繰り返し、「あなたは、あなたのままでいい」と伝えてあげてください。

あなたもお子さんも「ありのままの自分」を認めれば認めるほど、自信が生まれ、自分らしく生きることに希望を持てるようになります。

弱い面を持っていてもいいのです。
人一倍、傷つきやすくてもいいのです。
勇気を出して、前に進めないことがあってもいいのです。

無理をして自分や子どもを変えようよう、変えたいとがんばることよりも、今のままのあなたとお子さんをまるごとそのまま、受け入れ、認めてあげてください。

あなたがあなたらしくいることで、人生が輝き出すように、お子さんもまた、「ありのまま」を認め、受け入れることで、無理なく自然に、明るさを取り戻していきます。

たとえ時間はかかったとしても、長い目でお子さんを見守り、励まし続けてあげてください。

明けない夜はありません。

いつの日かきっと、あなたもお子さんも、心から笑いあえる時が訪れます。

おわりに

最後までお付き合いくださり、本当にありがとうございました。

本書を読んで、みなさんが少しでも、子育てをするのが楽しくなったと感じてもらえたら、これ以上、嬉しいことはありません。

子どもを育てるというのは、確かに一筋縄ではいかないことが多々あると思います。私自身も子育てをする中で、大いに悩み苦しみ、不安に押しつぶされそうになったことがありました。

とはいえ、子を産み育てるということを、つらく、苦しいことばかりだと捉えるか、楽しいことと感じられるかは、私たち次第なんですよね。

結局のところ、目の前にいる子どもや家族とどう向き合い、接することができるかは、「ありのままの自分」をどれだけ愛しているか。このことが、大きく影響していると思います。

私は「ありのままの自分」を好きになればなるほど、子どもや家族に対しても優しく接することができるようになり、思い通りにいかないことすら、楽しめるようになっていきました。

ぜひこの本に出会ったことをきっかけに、あなたにも、「ありのままの自分」を愛してもらえたら……と心から願っています。「ありのままの自分」を愛せるようになると、今よりも、もっとご自分のことを大切に思えるようになり、満たされた毎日を過ごすことができるようになるからです。

これからはもう、自分以外の誰かや何かになろうとしなくてもいいのです。あなたが、あなたらしく生きることで、輝いた人生を歩むことができます。

どうか、「ありのままの自分」をもっともっと、大好きになってください。どんなことがあろうとも、「今」この瞬間、自分らしく生きることが、最も幸せなことだと私は思います。

なお、本書を通して、私が良いと思う方法をいくつも紹介させていただきましたが、私のやり方があなたにとっても、良い方法であるとは限りません。あなた自身が、「いいな」と思えるやり方が、あなたにとっての正解であり、あなただけの「ありのまま育児法」です。

あなたらしさが、親子を育てると信じて、世界にたった一つしかない「ありのまま育児法」を生み出してくださいね。

新井爽月

参考文献

●『嫌われる勇気』
岸見一郎　古賀史健　著　ダイヤモンド社　２０１３年発行
●『見る見る幸せが見えてくる授業』
ひすいこたろう　著　サンマーク出版　２０１７年発行
●『敏感すぎるあなたが　７日間で自己肯定感をあげる方法』
根本裕幸　著　あさ出版　２０１７年発行
●『子どもが伸びる　がんばらない子育て』
山本ユキコ　著　フォレスト出版　２０１８年発行
●『魂の望みは、叶うようにできている』
大木ゆきの　著　マガジンハウス　２０１７年発行
●『自分で自分をほめるだけ「ほめ日記」をつけると幸せになる！』
手塚千砂子　著　メディアファクトリー　２０１１年発行
●『幸せの引き出しを開ける　こころのエステ』
衛藤信之　著　サンマーク出版　２０１１年発行

新井爽月（あらい・さつき）

児童文学作家、心理カウンセラー
LINE トーク占い師、アドラー流メンタルトレーナー
ライフスタイルカウンセリング TRINITY 代表

結婚・出産を経て、３人の子育てに多忙な日々を送るなか、子供向けの絵本や童話に関心を抱き、児童書の世界へ。童話や創作読物などの執筆を続けながら、子どもに関わる活動に携わり、ママさんライターとして地域の子育て情報誌や、よこはま自然育児の会編集長として会報作りに従事。子育てに日々奮闘する数多くの母親たちと交流を深めてきた。
その後、会社員として社会復帰を果たすも、子育ての難しさや、自分自身の人生に行き詰まりを感じ、一念発起して心理カウンセラーの道へ。日本メンタルヘルス協会にて、心理学を学び、「ありのままの自分」でいられる人生に喜びを見出し始める。

現在は、児童文学作家として執筆を続けながら、心理カウンセラー及び、LINE トーク占い師として、親子関係のみならず、恋愛・結婚・仕事・人間関係など、幅広い相談に応じている。自己肯定感を高めるワークショップや、グループカウンセリングなど、参加者の多くから好評を博している。

日本児童文学者協会会員

第二十五回新見南吉童話賞・幻の童話部門特別賞受賞
『コウちゃんとふしぎな歌』
鉄道小説大賞・優秀賞受賞『52,596,000 分の夜と朝』など

ブログ　すべてはうまく行っている　https://ameblo.jp/satsuki2215/
LINE トーク占い　https://line.me/R/ch/1478998113/
LINE @　ID @bvg0752e

イラスト／門川洋子
装丁／冨澤 崇（EBranch）
校正協力／大江奈保子
制作／（有）マーリンクレイン
編集・本文design＆DTP ／小田実紀

ありのまま育児法 6割出来たら満点。頑張りすぎない子育て法

初版1刷発行 ● 2019年9月26日

著者

新井《あらい》 爽月《さつき》

発行者

小田 実紀

発行所

株式会社Clover出版
〒162-0843 東京都新宿区市谷田町3-6 THE GATE ICHIGAYA 10階 Tel.03(6279)1912 Fax.03(6279)1913
http://cloverpub.jp

印刷所

日経印刷株式会社

ISBN978-4-908033-38-4 C0037